Maria Holzmann

Mensch handle, bevor es zu spät ist

Maria Holzmann

Mensch handle, bevor es zu spät ist

lerne Dich selbst besser kennen und hole das Beste aus Dir heraus

Trainerverlag

Imprint

Cover image: www.ingimage.com

Publisher:
Der Trainerverlag
is a trademark of
International Book Market Service Ltd., member of OmniScriptum Publishing Group
17 Meldrum Street, Beau Bassin 71504, Mauritius
Printed at: see last page
ISBN: 978-620-0-76909-1

Mensch handle, bevor es zu spät ist

Einleitung

Viele Menschen leiden heute unter Gefühlen der Sinnlosigkeit, haben wenig Antrieb und Motivation. Dies kann zu psychosomatischen Krankheiten führen und diese ziehen uns in der Spirale hinunter, weg von einem sinnerfüllten Leben. In der Präventionsarbeit sollten hier Anzeichen frühzeitig erkannt werden, um einem möglichen späteren Schaden vorzubeugen.
Dieses Buch soll Ansätze aufzeigen, wie wir selbst uns besser kennenlernen und uns Hilfe geben bei der Bewältigung des Alltags mit all seinen Problemen.
Wer früh merkt, dass es in seinem Leben nicht mehr rund läuft, kann rechtzeitig an sich arbeiten und sich gegebenenfalls Hilfe holen, falls er damit allein überfordert ist.
Dies reicht von dem Anruf in einer Beratungsstelle bis hin zur professionellen Therapie. Aber wir sollten es uns selbst wert sein und unser eigenes Leben auch wichtig nehmen. Unsere Gesellschaft ist schnelllebig geworden, wir haben zwar in den sozialen Netzwerken „viele Freunde", doch

inwieweit diese uns bei unseren Problemen helfen können, das sei dahingestellt.
Das richtige Gespräch, in dem sich die Menschen öffnen und ihr Innenleben offenbaren wird hier sicherlich nicht stattfinden, sondern es ist oftmals ein Austausch an Belanglosigkeiten.
In diesem Buch werden wir aufgefordert uns selbst zu betrachten, nach Möglichkeiten zu suchen, uns und unsere Lebensumstände näher zu beleuchten und nach Lösungen zu suchen.
Wer Hilfe braucht der kann sich einen persönlichen Coach suchen und mit ihm zusammen sich auf die Reise zur Weiterentwicklung seiner Persönlichkeit begeben.

1.Wie läuft ein Coaching ab?

Viele Menschen spüren, dass sie Hilfe brauchen und begeben sich auf die Suche nach einem Coach, Therapeuten oder Arzt, der ihr Problem versteht und ihnen weiterhelfen kann.
Um dies herauszufinden können in einem Erstgespräch die Wünsche ausgesprochen werden und es kann abgeklärt werden, ob diese ausgewählte Person die richtige ist.
Die Anzahl der Sitzungen werden in den Vertrag aufgenommen und die gemeinsamen Ziele werden erörtert.
Es gibt die einzelnen Schritte im Verlauf des Cochings und diese werden immer wieder überprüft und auf die jeweilige Situation abgestimmt.
Am Schluß erfolgt die Evaluation, das heißt die Überprüfung der Maßnahmen. In der Abschlußsitzung gibt es dann die Zusammenfassung und Planung für die weitere Zukunft.
Zur Unterstützung des Coachingsprozesses ist es sinnvoll sich über die eigenen Zielvorstellungen im Klaren zu sein und diese immer wieder zu visualisieren.
Es geht dabei auch darum die kleineren Erfolge zu feiern und bei Rückschlägen nicht gleich „die Flinte ins Korn zu schmeißen“, sondern weiterzuarbeiten.
Der Nutzen der Zielvorstellung muss einleuchten und dazu braucht es Menschen im Umfeld, die unterstützend wirken.

Beispiel: Übergewicht
Ein übergewichtiger Mensch hat gesundheitliche Probleme und soll dringend abnehmen.
Das kann gelingen, wenn seine Familie ihn dabei motiviert und er seine Ernährungsgewohnheiten überdenkt. Wenn er Kilos verlieren möchte, dann muss das Leben umgekrempelt werden. Er braucht mehr Bewegung, muss sein Essverhalten reflektieren und lernen sein Ziel ernstzunehmen.
Dazu gehört, dass er „Nein“ sagen kann, wenn der Tisch mit Lebensmitteln gedeckt ist, welche nicht zu seinem Diätplan

passen und sich konsequent nach seinem neuentworfenen Konzept ernährt.
Es geht hier nicht um einen Wettlauf nach dem Motto: „Je schneller umso besser,“ sondern diese Umstellung braucht Zeit und bei den Gewohnheiten muss das Gehirn neu programmiert werden.

Wenn dieser Mensch aus Frust gegessen hat, muss beleuchtet werden:

- Welcher Anlass hat mich zum Essen getrieben?
- Warum werde ich nicht satt?
- Welche Art von Hunger ist es?
- Wo fehlt es?
- Was will ich mit diesem Essen ausgleichen?
- Wie fühle ich mich danach?
- Was könnte ich alternativ machen, wenn ich mich unwohl fühle?
- Wieviel Zeit gebe ich mir zum Essen?
- In welcher Umgebung esse ich?

Beim Coaching geht es um ein Begleiten und Motivieren des Klienten, um ein Aufzeigen an Möglichkeiten. Der Coach kann aber nicht Tag und Nacht dabei sein, sondern der Klient muss schon selbst seine Hausaufgaben machen und sich disziplinieren. Sein Ziel muss für ihn Motivation sein, dabeizubleiben und nicht aufzugeben. Manchmal reicht ein Coaching nicht aus, weil die Probleme so tief sitzen, dass es dann auch besser wäre sich einen entsprechenden Therapeuten zu suchen, der sich auf diese „Störungen“ spezialisiert hat.
Es gilt grundsätzlich dass der Klient überlegen sollte, was ihm fehlt und warum es so weit gekommen ist. Idealerweise sollten alle Menschen regelmäßig eine „innere“ Inventur

machen, um zu beleuchten, was gerade wichtig ist zu bearbeiten und was gut läuft.

2.Wenn Alles zu viel wird

Der Klient hat das Ziel: er will abnehmen und die einzelnen Schritte werden im Coaching Prozess besprochen und immer wieder überprüft.
Da gibt es aber die Gewohnheiten, welche sich in das Gehirn eingeschrieben haben und diese gilt es zu durchbrechen und neu aufzustellen.
Es geht in diesem Fall nicht nur um das Essverhalten, sondern es ist oft ein undurchsichtiger Dschungel, der den Menschen keinen klaren Weg aufzeigt.
In diesem Fall muss genau analysiert werden:

- Wie lebt der Mensch?
  Dabei wird das Umfeld analysiert
  Was gibt es hier für Möglichkeiten?
  Was können wir nicht ändern?
- Mit wem verbringt er seine Zeit?
  Die Menschen in der unmittelbaren Nähe werden beschrieben und die Bedeutung der Beziehung wird durchleuchtet.
  Die Familie ist hier ein wichtiger Faktor und kann förderlich oder lähmend auf die Weiterentwicklung wirken.
- Was macht er den ganzen Tag?
  Hier wird eine Struktur des Tages aufgestellt.
  Was können für Aktionen eingebaut werden oder welche sind sinnlos und bremsen die positive Entwicklung?
- Welche Hobbys hat er?
  Was macht er in der Freizeit?

Gibt es da vielleicht noch Möglichkeiten, diese aktiver zu gestalten?

- Wie schaut seine Wohnung aus?
  Ist sie klar und strukturiert oder herrscht hier Chaos?
  Ein geordnetes Umfeld ist eine gute Basis, um innere Ordnung zu schaffen.
- Wie sind seine Beziehungen?
  Sind das oberflächliche Bekanntschaften oder enge Freunde?
  Was kann hier noch ausgebaut werden?
  Warum ist der Kontakt abgebrochen?
- Wie geht es ihm im Beruf?
  Ist der Klient mit seinem Arbeitsleben zufrieden oder fühlt er sich permanent unwohl?
  Welche Möglichkeiten hat er etwas zu ändern?
- Wo können wir beginnen?
  Was ist jetzt wichtig und hat Priorität?

Diese Fragen und ihre Antworten sind die Basis für die Erstellung eines persönlichen Leitfadens. Anhand dieser Struktur wollen wir Licht ins Dunkel bringen.
Oft ist es ein guter Anfang, wenn wir zuerst einmal ausmisten, uns überlegen, was wir für uns selbst brauchen und dann alles Überflüssige weggeben. Wir umgeben uns mit Dingen, die uns belasten und erdrücken.
Viele Menschen können sich schlecht von Sachen trennen, weil sie meinen, dass diese ihnen Sicherheit geben.

Beispiel: Kaufrausch, Messie

Diese Menschen erleben Unlustgefühle und betäuben diese, indem sie Sachen anhäufen und am Schluss sich in ihrer eigenen Wohnung nicht mehr bewegen können.

Sie bauen eine Mauer an unnützen Dingen um sie herum auf und finden ganz schlecht allein einen Weg aus dieser Misere.

Hier kann der Coach ansetzen und mit dem Klienten besprechen, was geändert werden könnte.

- Was brauchst Du?
  Was ist Dir wichtig, um Dich wohlzufühlen?
- Welche Dinge kannst Du weggeben?
  Das Haus oder die Wohnung wird inspiziert und Überflüssiges auf die Seite gelegt.
- Wie bringen wir ein System in das Chaos?
  Wir versuchen Ordnung zu schaffen.
- Alle Sachen bekommen ihren eigenen Platz
  So kommt Struktur in die Wohnung und dies wirkt sich auch positiv auf den Klienten aus.

Diese Menschen haben ihre Umgebung „voll gemüllt“ und spüren gar nicht mehr, wie sie das selbst belastet.
Richtig wäre sich die Wohnung oder das Haus als eine Oase der Geborgenheit und Ruhe einzurichten.

Eine gewisse Ordnung hilft ihnen dabei, sich besser zurechtzufinden und gibt den Räumen auch den Wohlfühlcharakter.
Dies wäre der erste Schritt mit dem Klienten.
Es geht aber nicht nur um das äußere Ausmisten, sondern auch die schlechten Gedanken sollten ausgetauscht werden und durch positive Gefühle ersetzt werden.
Das Gedankenkarussell sollte angehalten werden und überprüft werden:

- Was quält mich?
- Was bereitet mir Sorge?
- Warum bin ich traurig?
- Vor was habe ich Angst?
- Was stresst mich?
- Was ist mir wichtig?
- Was möchte ich verändern?
- Welche Menschen engen mich ein?
- Wie kann ich einen besseren Kontakt bekommen?

Diese Reflexionsfragen dienen der Selbsterkenntnis und können in einem ganz persönlichen Tagebuch festgehalten werden.
Was ich heute aufgeschrieben habe, kann in einer Woche, wenn ich es nochmals lese, mich erheitern, weil ich einen Schritt weiter bin und erkannt habe, dass ich mich nur selbst bedauert habe.
Es gibt Dinge, die ich nicht ändern kann und diese muss ich annehmen und versuchen, das Beste aus der Situation zu machen.
Es gibt aber auch Dinge, die ich ändern kann und dazu brauche ich Mut die eingefahrenen Gleise zu verlassen und „Stopp“ zu mir selbst oder den anderen zu sagen.
Wenn ich mich selbst finden möchte, dann brauche ich Zeit für mich, um mich meinen eigenen Fragen zu stellen. Das kann bei einem Spaziergang in der Natur gelingen, oder auch

bei einer Meditation. Der Mensch sollte sich selbst auch einmal auspowern, seine Grenzen testen, ausloten, was er erreichen kann.
Er soll seine Leidenschaft finden, sein inneres Feuer entfachen und seine verborgenen Schätze ausgraben.
Dazu braucht es die Motivation anzufangen und dann durchziehen, als Geheimnis des persönlichen Erfolges.
Ein Mensch, der in der Arbeit seine Talente nicht verwirklichen kann, findet vielleicht in der Freizeit Möglichkeiten sich seinen Hobbys zu widmen, in denen er aufgeht. Eine Sache, bei der ich die Zeit vergesse und mich fokussiere macht mich glücklich und diese positive Erfahrung wirkt sich auf mein Leben und meine Umwelt aus.
Es geht um das persönliche Mindset, wie kann ich trotz Alltagssorgen mir Momente schaffen, in denen ich meinen alles um mich herum vergesse?
Der Jammerkreis muss unterbrochen werden und sollte zu einer grundsätzlichen Bejahung des Lebens, mit all seinen Problemen führen.
Dazu gehört auch die Dankbarkeit über sein Dasein und Alles was dazu gehört.
Keine Vergleiche mit anderen Menschen, wer hat mehr Geld, den besseren Beruf, sondern die Akzeptanz der eigenen Person mit dem Ziel das Bestmöglichste herauszuholen.

Du kannst die anderen Menschen nicht ändern, aber Dich selbst und heute ist der Tag, an dem Du damit beginnst.

3. Strukturen schaffen

Strukturen geben uns einen gewissen Halt und sollten das Gerüst darstellen. Jeder Mensch braucht Sicherheit und will Geborgenheit erfahren.
Die kann geschaffen werden, in dem er für eine gemütliche Wohnung sorgt, sich von Dingen trennt, die er nicht braucht,

seine Lebensgewohnheiten und seine Muster immer wieder neu überprüft.
In den verschiedenen Lebensabschnitten haben wir unterschiedliche Bedürfnisse.
Wenn wir eine Familie gründen werden andere Strukturen eine Bedeutung haben, wie wenn wir in Rente gehen und da müssen wir uns immer wieder neu definieren.
Bei einer Partnerschaft gibt es auch eine gewisse Dynamik, wenn sich einer weiterentwickelt hat, während der andere noch auf der gleichen Stufe stehengeblieben ist.

Beispiel: die Kinder gehen aus dem Haus

Die Eltern können ihre Aufgaben, die sie bis jetzt gehabt haben, ablegen und sich andere Inhalte im Alltag überlegen. Im gemeinsamen Gespräch kann dies erörtert werden und dazu gehört die Akzeptanz die „Neudefinierung“ des Partners auch willkommen zu heißen.

Nicht nach dem Motto: „Depressiv warst Du mir lieber, sondern ich freue mich, wenn es Dir besser geht.“

Jeder ist seines eigenen Glückes Schmid und leider bremsen sich viele Menschen in einer Ehe gegenseitig aus und wissen eigentlich gar nicht mehr, was sie selbst wollen. Sie verlieren ihre Persönlichkeit aus den Augen und daraus entsteht ein Einheitsbrei, bei dem Keiner zufrieden ist.
Ein Mensch, der seine Talente ausleben kann und sich dabei selbst findet wird zufrieden sein und dies wirkt sich auch positiv auf die Partnerschaft aus. Dazu gehört der Mut, darüber zu sprechen und dies auch einzufordern.

Beispiel:

Ein Partner möchte gerne die Welt bereisen, die Menschen und ihre Lebensweisen studieren, während der andere seinen Platz nicht verlassen möchte und sich nur dort sicher fühlt. Wenn einer immer um des Friedens Willens nachgibt und seine wahren Bedürfnisse ständig zurücksteckt, kann es sein, dass er krank wird und daran zugrunde geht.
Sie könnten Kompromisse anstreben oder auch bestenfalls eine „Win-Win“ Situation schaffen bei der Jeder das bekommt, was er möchte.
Das wäre in diesem Beispiel:
Einer will verreisen, während der andere sich zuhause am wohlsten fühlt.
Was spricht dagegen es einfach zu tun?
Warum kann der Reiselustige nicht einfach losziehen?
Fehlt es am Vertrauen?
Wer den anderen auf Dauer einengt wird ihn eines Tages vielleicht sogar verlieren.
Wir sollten unsere Bedürfnisse ernstnehmen und nicht auf den Sankt Nimmerleinstag warten.
Das heißt jetzt aber nicht, dass Jeder nur noch rücksichtslos seinen Willen durchsetzt, sondern es geht um das Respektieren der anderen Person in ihrer Einmaligkeit und das Finden der Balance so dass Beide sagen können, wir sind damit zufrieden.

4.Stressfreies Leben

Leider sind viele Menschen heute sehr gestresst und zeigen körperliche und psychische Beschwerden. Daher ist es wichtig frühzeitig die Signale zu erkennen und dagegen zu arbeiten, bevor uns der Herzinfarkt oder Nervenzusammenbruch in die Knie zwingt.

Methoden, um den Stress zu minimieren wären:

1. viel Bewegung an der frischen Luft,
2. gesunde Ernährung,
3. gute Beziehungen,
4. weniger Konsum.
5. Digitaler Detox

Es strömen zahlreiche Informationen auf die Menschen im Laufe eines Tages ein, diese werden noch durch die Medien potenziert und meist sind es weniger erfreuliche Themen, mit denen wir beschallt werden.
Es gilt sich davor zu schützen und sich einen Schutzpanzer zuzulegen.

- „Nein“ sagen lernen zu Dingen, die uns nicht guttun, Abstinenz halten zu Menschen, die nur jammern.
- Sein persönliches Wohlfühlprogramm zu entwickeln und sich selbst motivieren

- Den Fernseher ausschalten
- Abschalten und Ruhe finden im Alltagsstress
- Mentale Techniken ausüben und aus der Entspannung heraus wieder Kraft tanken
- Prioritäten setzen und seine eigene Zeit richtig einteilen
- Gefühle sortieren
- Gefühlsarbeit leisten
- Reflektieren was uns stresst und den Umgang damit üben.

Wenn die Arbeit immer Stress bedeutet, überlegen, ob es vielleicht nicht Alternativen gibt und wenn dies nicht möglich ist, dann kann in der Freizeit über ein Antistress Programm nachgedacht werden. Dazu muss ich mich aber auch selbst ernstnehmen und darf nicht nur meinen, ich muss es allen anderen nur rechtmachen, weil ich dann letztendlich selbst auf der Strecke bleibe.
„Der frühe Vogel fängt den Wurm", am Morgen können wir die Ruhe genießen und uns auf den Tag vorbereiten, wir können kreativ werden, den Tag planen und uns mit unseren Zielen beschäftigen.
Wir sollten unseren Terminkalender überprüfen und unwichtige Dinge streichen. Ein Tagebuch führen und die Fortschritte dokumentieren. Eine Kerze anzünden und den Raum mit ätherischen Ölen gemütlicher machen. Musik hören, die uns aufbaut und Kraft gibt. Die alltäglichen Probleme überdenken und sie relativieren:

- Was macht dieses Problem mit mir?
  Beschäftigt es mich Tag und Nacht?
- Wie kann ich es ändern?
  Was habe ich für Möglichkeiten?
- Was wäre, wenn es sich auflösen würde?
  Wie würde ich mich dabei fühlen?

- Welche Schritte kann ich dabei tun?
  Was mache ich zuerst?
- Wie sehe ich das Problem, wenn ich es von außen betrachte?
  Ich stelle mir vor, ich stehe neben mir und was sehe ich?
- Kenne ich Menschen, die ein ähnliches Problem habe?
  Ich gehe gedanklich meinen Bekanntenkreis durch und suche nach Menschen, die auch dieses Problem haben.
- Wie gehen die damit um?
  Was haben die gemacht?
- Was kann ich von ihnen lernen?
  Was gefällt mir daran und was nicht?
- Welche Hilfe kann ich mir holen?
  Was gibt es bezüglich meines Problems für Beratungen?

Es gibt Krankenkassen, die Antistressprogramme anbieten und da kann sich Jeder anmelden und lernen, wie er mit seinen Sorgen umgehen kann.
Stress, der nicht bearbeitet wird, führt uns, wenn es schlimm wird, direkt in ein Burnout oder verursacht andere schlimme Krankheiten. Die Folgen von unbearbeitetem Stress wirken sich längerfristig auf die körperliche und psychische Gesundheit aus und werden dem Betroffenen den Boden unter den Füßen wegziehen. Arbeitslosigkeit, familiäre Zerwürfnisse sind nur zwei Beispiele, daher ist es wichtig die Alarmzeichen früh wahrzunehmen und Stress abzubauen, bevor er uns lähmt.

5.Zeitmanagement

Ein vernünftiger Umgang mit der eigenen Zeit kann Stress reduzieren und Ordnung in das eigene Leben bringen. Ausmisten von Terminen, die nicht wichtig sind und uns nur unnötige Zeit rauben. Reflektieren über wichtige Dinge und unwichtige Dinge:

was hat Priorität und was kann warten?

Eine „to do" Liste erstellen, in der die Termine und Aufgaben nach ihrer Dringlichkeit sortiert werden.

Dazwischen brauchen wir genügend Platz für Pausen und unvorhersehbare Ereignisse.

Ein Mensch, der früh aufsteht, wird seinen Tag effizienter gestalten als Einer, der auf den letzten Drücker im Büro erscheint.

Das bedeutet Stress und dieser wieder blockiert uns und lässt keinen vernünftigen Zeitplan erstellen und einhalten.

Beim Zeitmanagement ist es auch wichtig, darüber zu reflektieren:

1. Was sind meine Aufgaben und was kann ich delegieren?
2. Was ist jetzt wichtig und was kann warten?
3. Was möchte ich heute erledigen und was bis Ende des Monats?
4. Mache ich alles allein, weil ich den anderen Menschen nicht zutraue, dass sie es können?

Beispiel:

eine alleinerziehende Mutter mit pubertierenden Kindern jammert über den Wäscheberg und kommt gar nicht auf die Idee, ihre Kinder einzubeziehen, während diese unzufrieden vor dem Fernseher oder Smartphone sitzen.
Aufgabenverteilung im Haushalt, einen Plan erstellen und diesen auch kontrollieren, ob er eingehalten wird.
Nicht alles selbst machen wollen, sondern die Kinder in einem gewissen Alter sollen ja auch lernen, wie ein Haushalt funktioniert, weil sie diese Kompetenzen ja später einmal brauchen. Sie können auch beim Kochen helfen, um zu lernen, wie sie sich selbst versorgen können.

Zeitfresser erkennen und eliminieren.

Da wäre die Nachbarin im Hausflur, die uns jeden Tag wertvolle Zeit raubt mit ihrer ewigen Jammerei, welche sich immer um das gleiche Thema handelt.
Ich kann mich mit der Nachbarin unterhalten und es ist ja auch schön, wenn soziale Kontakte gepflegt werden, aber es darf kein einseitiges Gespräch sein, bei dem die andere Person als „Zuhörer missbraucht" wird.

Beispiel:

gelangweilte Menschen, die einen anrufen, weil sie nichts anderes zu tun haben.
Sie stehlen uns wertvolle Zeit und rauben uns unsere Energie.
Hier gilt es auch „Nein“ zu sagen und seine Position zu verteidigen, nach dem Motto:

„Ich habe jetzt gerade keine Zeit für Dich, wir können uns gerne einmal treffen, aber jetzt passt es mir nicht.“

Das ist ein gesunder Egoismus, den wir brauchen, weil wir uns ja auch regenerieren müssen und nicht in den Sumpf anderer mit hineingezogen werden möchten.

6.Wie lernen wir uns selbst besser kennen?

Die Arbeit mit uns selbst, Reflexion über das eigene Leben und die möglichen Zielvorstellungen ist intensiv und kann wehtun, wenn alte Wunden aufbrechen oder wir erkennen, dass wir Fehler gemacht haben.
Wir brauchen dazu Zeit und Ruhe, um in uns zu gehen und unser Verhalten zu hinterfragen.
Wir können uns selbst besser kennenlernen, indem wir unsere Gedanken niederschreiben in einem Tagebuch, um sie auch zu sortieren und einzuordnen.
Manchmal erscheint uns ein Gedanke oder eine Vorstellung an einem Tag besonders furchterregend, während er sich, wenn er niedergeschrieben wird schon gar nicht mehr so schlimm anfühlt und wenn er dann nach Wochen nochmals gelesen wird, sich relativiert hat oder vielleicht auch gar verflüchtigt hat.
Viele Menschen suchen den Austausch mit anderen und finden hier so etwas wie ein Feedback, eine Rückkoppelung ihres Verhaltens.

Gute Freund können hier wertvolle Dienste erweisen. Ein Coach wird hier auch ein guter Wegbegleiter sein und falls Alles nichts nützt und wir nicht weiterkommen, könnte auch angedacht werden einen Therapeuten zu suchen, der uns ein Stück des Weges begleitet.

Für uns selbst können wir reflektieren:

1. Sind wir Einzelgänger oder gehen wir lieber in der Masse unter?
2. Wie haben wir unsere Gefühle im Griff?
3. Lachen wir viel?
4. Ärgern wir uns andauernd?
5. Verlieren wir uns in Grübeleien?
6. An was denken wir, wenn wir kurz vor dem Einschlafen sind?
7. Was möchten wir erreichen?
8. Was bedauern wir, dass wir nicht gemacht haben?
9. Was haben wir bis jetzt gut gemacht?
10. Wo wäre Handlungsbedarf?
11. Welche Person finden wir toll und warum?
12. Welche Eigenschaften hat diese Person?
13. Wann sind wir entspannt?
14. Was ist uns wichtig?
15. Wie möchten wir uns in ein paar Jahren sehen?

7.Die Arbeit mit dem Enneagramm

Im Enneagramm gibt es neun verschiedene Persönlichkeitsmuster, in denen die Welt auf unterschiedliche Weise wahrgenommen wird. Es geht bei der Betrachtung der verschiedenen Strukturen, um die Muster des Denkens und Fühlens aufzudecken und deren Auswirkungen auf das Verhalten zu sehen.

Das Enneagramm wurde bereits 1916 von Georges Gurdjieff[1] entworfen und es wurden sogar Ansätze davon in der Antike gefunden.
Es sollen dabei Methoden zur Selbstentwicklung geschaffen werden, die sich aus der Analyse der jeweiligen Persönlichkeitsstruktur ergeben.
Das spezifische Persönlichkeitsenneagramm wurde in den 60-ger Jahren von Oscar Ichazo[2] genannt.
Enneagramm heißt übersetzt: „Neuner-Bild" und meint damit 9 verschiedene Typen mit ihren Stärken und Schwächen. In Deutschland wird es seit Ende der 80-er Jahre eingesetzt, um die Menschen auf dem Weg der Selbstfindung zu begleiten und Teamarbeit effizienter zu gestalten.

Die neun Typen:

1.Reformer
er sieht die Welt als verbesserungswürdig an und strebt das Vollkommene an. Er sieht sich selbst mit seinen Vorstellungen im Recht und weist die anderen Menschen auf Fehler hin. Damit kann er den anderen sehr auf die Nerven gehen, weil er auch gerne kritisiert.
Seine positiven Eigenschaften sind: Pflichtbewusstsein, Verantwortungsbewusstsein und Zuverlässigkeit.
Er sollte sich selbst öfters reflektieren und seine eigenen Fehler auch unter die Lupe nehmen.

2.Helfer
er ist der geborene Geber und sieht überall Menschen, die seine Hilfe brauchen. Dabei nimmt er ihnen oft auch die Eigenverantwortung und übersieht dabei, was er selbst braucht.

---

[1] Georges Gurdjieff
[2] Oscar Ichazo

Er definiert sich über den Satz: „Ich werde gebraucht“ und seine guten Eigenschaften sind die Hilfsbereitschaft, Opferbereitschaft und Kommunikationsfähigkeit.
Er denkt auch oft, dass er ganz genau weiß, was die anderen Menschen gerade brauchen, das kann aber auch falsch sein und wird als übergriffig empfunden.

3.Erfolgsmensch
dieser Mensch wirkt dynamisch, ein Energiebündel und sieht immer neue Aufgaben, welche auf ihn warten.
Er kann sich auf seine Aufgaben konzentrieren und ist fleißig und organisiert. Doch manchmal übersieht er dabei das Zwischenmenschliche und wirkt dann auf die anderen arrogant und kalt.
Oft ist sein ganzes Streben auf eine Sache fokussiert, das normale Leben wird ausgeblendet und kann ihn dann schnell einholen, wenn der Erfolg auf der Strecke bleibt oder er seine Arbeit verliert.

4.Romantiker
der Romantiker liebt das besondere Ambiente, besondere Begegnungen mit anderen Menschen. Er will aus dem Alltäglichen heraustreten und hat oft Probleme sich der Wirklichkeit zu stellen.
Seine Gefühlswelt kann schwanken und ihn in die Melancholie abstürzen lassen, wenn es zu unromantisch wird. Er sieht sich als etwas ganz Besonderes und dies führt zu Problemen im Alltag.

5.Beobachter
der Beobachter sieht die Welt und die Dinge von außen und bleibt oft in dieser Rolle gefangen. Dies lähmt sein aktives Agieren. Sein klares Vorstellungsvermögen und die bedachte Vorgehensweise lassen ihn komplexe Aufgaben gut bearbeiten. Da er aber am Rand steht wird er unter

Umständen eine große innere Leere empfinden, weil er keine Zugehörigkeit erlebt.

6.Loyalist
er sieht die Welt unter dem Blickwinkel: „ich bin da skeptisch und muss Alles hinterfragen." Dabei werden den anderen Menschen oft schlechte Absichten unterstellt und er ist dann da, um Alles wieder gerade zu biegen. Sein Fokus ist auf die Probleme ausgerichtet und das kann dazu führen, dass er durch sein Misstrauen seine guten Eigenschaften gar nicht mehr zum Vorschein bringt und auf die anderen Menschen wie ein unbequemer Zeitgenosse wirkt.
Dabei wären seine guten Eigenschaften die Voraussicht und die Fähigkeit, Risiken zu erkennen.

7.Genießer
Er ist eine optimistische Person, der in der Welt viele Möglichkeiten der Selbstverwirklichung sieht. Grundsätzlich ist er glücklich und kennt keine Langeweile. Er möchte sich nicht gerne mit Problemen aufhalten und sieht seine Rolle darin, das Leben zu genießen und auch andere Menschen zu erheitern. Sich seinem eigenen Tiefen zu stellen, das will er nicht und er vermeidet jede Form von Schmerz.
Die oberflächliche Lebensweise kann ihn aber einholen und in die Knie zwingen.

8.Anführer
Der Chef möchte gern sich einsetzen für die Ungerechtigkeiten und übernimmt die Kontrolle. Dabei will er sich nicht in die Karten sehen lassen, weil er das Zepter nicht aus der Hand geben möchte und die anderen Menschen erleben ihn manchmal als Kontrollfreak. Er hat Angst vor Schwäche und dies wird durch das selbstbewusste Auftreten kaschiert.

Seine guten Eigenschaften sind: er kann ein Team führen, ist fleißig und spürt seine Verantwortung in der Gesellschaft.

9.Friedensstifter
Als Vermittler agiert er zwischen den Fronten und richtet seine ganze Aufmerksamkeit auf die Probleme der verschiedenen Parteien. Dabei vergisst er sich selbst und sagt oftmals „ja“, obwohl er eigentlich „nein“ meint. Er sieht sich selbst als nicht so wichtig an und nimmt seine eigenen Bedürfnisse nicht wahr.
Er sollte aber trotzdem auch ab und zu eine Innenschau abhalten, um nicht selbst auf der Strecke zu bleiben.

Das Enneagramm zeigt die verschiedenen Persönlichkeitsmuster auf und natürlich sind hier verschiedene Mischformen möglich.
Ziel bei der Arbeit mit den unterschiedlichen Strukturen ist es, dass die Menschen sich und ihre Verhaltensweisen erkennen und dieses Wissen nutzen, um sich in Zukunft zu verbessern und ihre Stärken weiter ausbauen.
Bei der Fehleranalyse werden die Schwächen beleuchtet und es wird nach Möglichkeiten gesucht, wie diese transformiert werden könnten.

8.Regeln für das Leben

Wir werden in das Leben geworfen und haben die Verantwortung dies zu gestalten. Es gibt tägliche Herausforderungen, die wir meistern können, die uns auch scheitern lassen.
Die Aufgaben im Leben sind Lektionen, die wir lernen müssen, um daran zu wachsen. Wenn wir sie nicht bearbeiten, dann kommen diese auf uns zurück, wie Alles was wir aussenden auch wiederkommt. Es geht um ein lebenslanges Lernen und um eine Weiterentwicklung der

Persönlichkeit. Besondere Aufgaben benötigen Kompetenzen der Bewältigung und Strategien der Vorgehensweise. Wenn wir den Kopf in den Sand stecken und andere verantwortlich machen, dann werden wir immer wieder die gleiche Lektion wiederholen müssen, solange bis wir es gelernt haben. Es hat jeder Mensch seine ureigenste Aufgabe und es gilt dies zu erkennen. Fehler werden gemacht und dies sollte nicht dazu führen, dass wir aufgeben, sondern uns motivieren, er das nächste Mal besser zu machen.
Es fällt uns leichter, wenn wir dabei gewisse Regeln beachten:

1. Wichtig dabei ist es Vergangenes zu bewältigen und Frieden zu schließen, weil wir sonst in der Gegenwart darunter leiden und keine Pläne für die Zukunft schmieden können.
2. Wir dürfen uns auch nicht immer mit den anderen vergleichen, weil Jeder ein anderes Tempo, andere Voraussetzungen und Schicksale hat. Es zieht uns herunter, wenn wir voller Neid auf die Mitmenschen sehen und dann denken, dass wir es sowieso nicht schaffen werden.
3. Es ist wichtig zu reflektieren, aber damit ist nicht gemeint, dass wir uns im Dauergrübeln verlieren. Dieses Kreisen der Gedanken bringt uns nicht weiter, sondern der Ausstieg aus dem Gedankenkarussell.

Wir müssen auch akzeptieren, dass die Antworten nicht sofort vor dem geistigen Auge erscheinen, dass viele Probleme Zeit brauchen und dass auch Vieles nicht gelöst werden kann, sondern akzeptiert werden muss.

Bei dem Entwicklungsprozess wird das Umfeld auch eine große Rolle spielen, weil die Mitmenschen merken, dass sich die Person verändert und dies kann hinderlich oder förderlich sein.
Wichtig dabei ist, dass wir uns nicht beeinflussen lassen.

Beispiel:

der Mensch möchte gerne abnehmen und die Familie erschwert es ihm, weil er nach wie vor das fette Essen serviert bekommt. Er braucht viel Willenskraft, wenn er sich den Gewohnheiten widersetzen muss und zugleich die anderen von seinen Zielen überzeugen will.

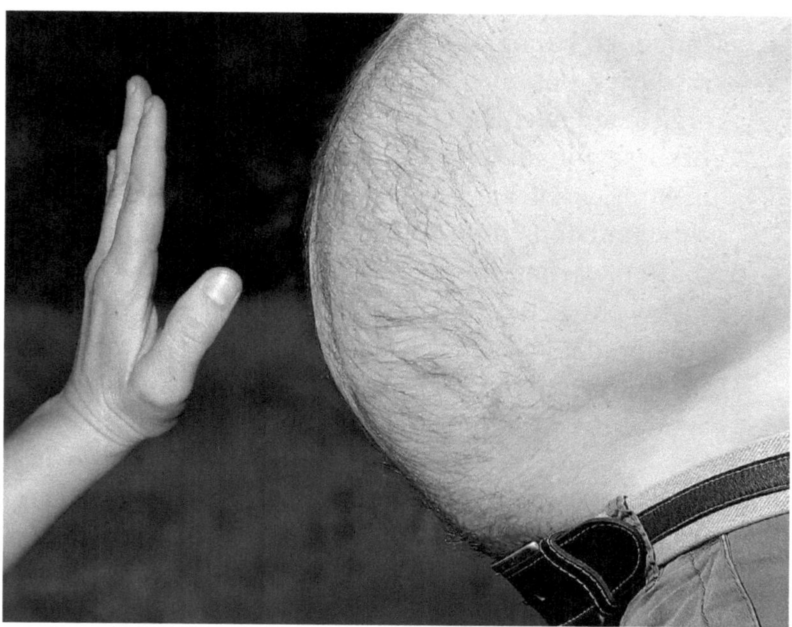

Es ist ebenso wichtig, dankbar zu sein für die kleinen Freuden, die der Alltag uns bietet. Diese sollten wahrgenommen werden und dies geschieht durch die Achtsamkeit im Leben, welche in der Hektik des Alltags oft keinen Platz findet.

Der Humor ist auch eine wichtige Säule in der Daseinsbewältigung. Wenn ich über etwas, was mir passiert ist lachen kann, dann habe ich mich schon von der Sache innerlich distanziert und es ist nicht mehr so schlimm für mich.
Damit das gelingt benötige ich die Fähigkeit der Selbstdistanzierung nach dem Motto:

„Raus aus der Ego-Falle, hin zu einem verantwortungsbewussten Menschen, welcher seinen Beitrag innerhalb der Gesellschaft leisten möchte."

Weg mit den Gedanken:

1. Warum passiert mir immer nur Schreckliches?
2. Ich armes Würstchen?
3. Nur ich habe Pech
4. Alle anderen sind von Glück gesegnet
5. Das Schicksal meint es nur schlecht mit mir
6. Allen geht es gut und mir?
7. Die anderen Menschen mögen mich nicht
8. Ich werde nur ausgenützt

Hin zu dem Lebensmotto:

1. Ich hatte auch schon glückliche Momente
2. Ich freue mich, dass ich leben darf

3. Ich bin dankbar
4. Die anderen Menschen haben auch Sorgen
5. Was kann ich beitragen, dass es uns besser geht?
6. In welchen gesellschaftlichen Bereichen es Lebens kann ich mich noch mehr mit meinem Wissen und Erfahrungen einbringen?
7. Was will ich noch erreichen?
8. Ich vertraue dem Leben
9. Ich lerne aus meinen Erfahrungen

9.Wie wir selbst Grenzen setzen

Es geht um die Unterscheidung:

1. was wir selbst leisten können und wollen,
2. was uns aufgestülpt wird, weil wir zu schwach sind und es Jedem recht machen wollen.

- Was steckt dahinter?
- Welche Ängste bremsen uns?
- Haben wir Angst Freunde zu verlieren, weil wir „nein“ sagen?
- Was würde passieren, wenn wir uns andere Antworten überlegen?

Es ist klar, dass wir in unserer Arbeit die Aufgaben erfüllen müssen und dass wir auch in der Familie als Mutter oder Vater dafür Verantwortung tragen, dass es unseren Kindern gut geht.

Hier können wir nicht immer denken: „oh Gott, was habe ich für einen Stress,“ sondern ein Kind großzuziehen dauert ja bekanntlich viele Jahre.

In einem Berufsleben sind wir auch 45 Jahre eingespannt und wenn wir immer denken, dass es uns zuviel wird, dann tun wir uns Selbst dabei nichts Gutes.

Es geht bei der Grenzziehung um die Unterscheidung:

- Was ist wichtig und kann nicht diskutiert werden`?
- Was könnte delegiert werden?
- Was belastet uns und lässt uns keine Luft zum Atmen?
- Was motiviert uns?
- Was können wir ändern?
- Was müssen wir akzeptieren?

Beispiel: Berufstätigkeit

Herr X ist viele Jahre im Betrieb und wartet auf eine Beförderung, die nicht kommt. Er ist unzufrieden und fühlt sich ausgenützt, weil er Aufgaben aufgestülpt bekommt, die eigentlich auch ein Lehrjunge ausführen könnte. Er hat nicht den Mut darüber zu sprechen, leidet stumm vor sich hin und wird krank.
Es häufen sich in letzter Zeit die Krankheitstage und er spürt auch, wie seine Kollegen hinter seinem Rücken tuscheln.
Diese Problematik zieht ihn herunter und wenn er nach Hause kommt dann erlebt er eine unzufriedene Ehefrau und pubertierende Kinder. Er hat keine Kraft mehr der vitale Ehemann oder lebensfrohen Vater zu sein.
Wenn hier nicht interveniert wird, dann kann es für den Herrn X ein übles Ende nehmen.

Die Probleme haben sich angehäuft und in der Vergangenheit wurde versäumt, rechtzeitig die Reißleine zu ziehen.
Er hat sich seinen Konflikten nicht gestellt und zu Allem „Ja und Amen“ gesagt, während er immer mehr die Kontrolle verloren hat, sich jetzt als Versager fühlt und dies auch ausstrahlt.
Seine Stärken hat er nicht mehr wahrgenommen, ist wie ein Roboter in die Arbeit gegangen und hat keinen Weg gesehen, auch nur die kleinste Änderung herbeizuführen.
Er hatte nicht den Mut mit seinem Vorgesetzten zu sprechen und auch einmal seinen Standpunkt zu vertreten.
In der Familie konnte er auch seine Bedürfnisse nach Ruhe nicht äußern, solange bis ihm Alles über den Kopf gewachsen ist und er immer häufiger krank geworden ist.
Herr X sollte sich dringendst Hilfe holen, wenn er sich und seine Familie noch retten möchte.

Dabei muss er lernen seine eigenen Grenzen wahrzunehmen und dies durchzusetzen
Er muss lernen, über seine Gefühle zu sprechen und Situationen ändern, die ihn überfordern.
Gleichzeitig sollte er üben sich den Konflikten in einer vernünftigen Art zu stellen.
Ein gelungenes Zeitmanagement kann helfen die Erwartungen von Beruf und Familie in die Balance zu bringen.
Daneben sollte auch genügend Zeit für sich selbst eingeplant werden, um sich mit diesen Problemen auseinanderzusetzen und Lösungsstrategien zu entwickeln.
Herr X hat zu lange gewartet, bis ihn sein Körper ermahnt hat. Viele Menschen hören nicht auf diese Signale und betäuben sich mit verschiedenen Suchtmitteln oder gehen in ihrer Arbeit unter.

10.Zeichen einer Überforderung

Diese können sich körperlich äußern aber auch psychische Beeinträchtigungen mit sich bringen.

Körperliche Symptome einer Überforderung:

- Schwindel
- Kloß im Hals
- Magenschmerzen
- Kopfschmerzen
- Bluthochdruck
- Zittern
- Darmprobleme
- Herzbeschweren
- Schlaganfall

Psychische Symptome

- Das Gefühl der Ausweglosigkeit
- Sinnverlust
- Antriebslosigkeit
- Grundloses Weinen
- Gefühl der Einsamkeit
- Verlust der Konzentrationsfähigkeit
- Angstzustände
- Aggression
- Rückzug
- Vergesslichkeit
- Bewegungslosigkeit
- Mutlosigkeit

Typische Ausreden, welche uns dabei hindern etwas zu verändern:

- Die Angst vor der Veränderung
  ich habe davor Angst und kann mir nicht vorstellen, wie das aussehen soll.
- Ich kann es nicht ändern
  ich habe dazu keine Kraft
- Es ist noch nicht soweit
  ich kann das später einmal machen
- Ich habe das doch immer so gemacht
  ich fühle mich sicher, weil ich das kenne
- Die anderen machen das auch so
- Ich weiß nicht wo ich anfangen soll
- Es ist jetzt zu spät
- Es hilft mir Keiner

Nach dem Motto:
„Ein bekanntes Elend ist mir lieber als ein unbekanntes Glück“

Die Verantwortung für das eigene Leben zu übernehmen mit all seinen Unannehmlichkeiten erfordert viel Kraft und Disziplin. Es geht um ein Umdenken der bisherigen Gewohnheiten und eine neue Strukturierung.
Sich den Fragen zu stellen:
Was tut mir selbst gut und was schadet mir?
Das kostet Zeit und Motivation, wenn eine Änderung ihre Wirkung zeigen soll.
Gewohnte Wege zu verlassen und sich neu auszurichten verlangt auch Mut und Bereitschaft sich einzulassen.

11.Der goldene Kreis

„Dein Warum zu kennen ist wie ein Leuchtturm, der Dich auf dem Weg zur Erfüllung führt“[3]

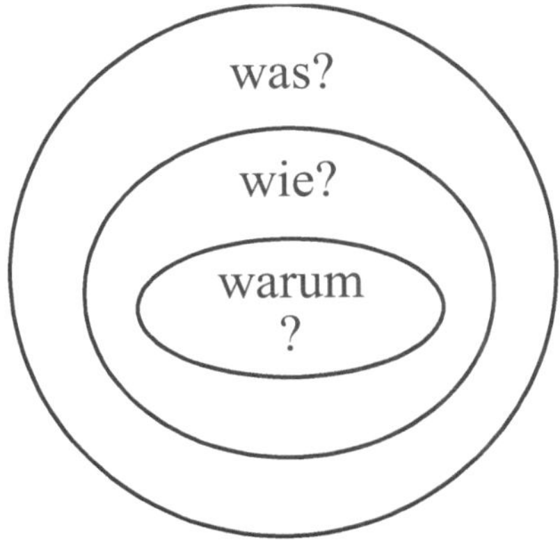

[3] Simon Sinek

Dieses „Warum“ ist die Motivation, den eigenen Sinn im Leben zu finden.
Es geht dabei, um eine Vision von der Zukunft zu entwickeln und die Endlichkeit des eigenen Lebens zu begreifen.
Viele Menschen empfinden ihre Aufgaben im Leben als sinnlos und sehen sich selbst nicht in der Verantwortung ihr Schicksal in die Hand zu nehmen.
Das „Wie“ baut darauf auf und lässt uns Pläne schmieden, wie diese ureigensten Aufgaben erfüllt werden können, dies kann erst gelingen, wenn die „Warum“ Frage beantwortet ist.
Das „Was“-ist dann die konkrete Beschreibung der weiteren Schritte.
Um Viktor Frankl[4]bzw Nietsche[5] zu zitieren:
„Wer ein Warum im Leben hat, erträgt fast jedes Wie“
Frankl wusste von was er spricht, er hat 4 Aufenthalte in Konzentrationslagern überlebt und sein „Warum“ war: „Ich möchte gerne mein Buch: Ärztliche Seelsorge schreiben und Vorträge halten[6]“. Sein Manuskript dazu hat er in seinem Mantelfutter versteckt.
Diese Idee hat ihn motiviert, diese schrecklichen Erfahrungen psychisch gut zu überstehen. Seine Vision konnte erfüllt werden und er hat damit sein Lebenswerk vollendet.

12. Was ist unser Lebenskonzept und wie können wir es umsetzen?

Das „Warum“ haben wir geklärt, jetzt geht es um das „Was“

- Was wollen wir erreichen?
- Was ist uns wichtig?
- Was können wir gut?

---

[4] Viktor Frankl
[5] Nietsche
[6] Frankl

Und jetzt kommt das „Wie“
Wie setzen wir es um?
Dazu brauchen wir eine Ideensammlung, ein Brainstorming.
Ein Thema, das uns anspricht, geht uns sicher leicht von der Hand.
Was wollen wir damit erreichen?
Unsere Zielvorstellungen müssen auf den Punkt gebracht werden
Wir können weiter überlegen, wer von unserem Netzwerk uns dabei behilflich sein kann
Auch eine „Deadline“ sollte vorgegeben sein, ein Datum, das uns vorgibt, bis wann wir es geschafft haben sollen.
Zwischenschritte müssen klar definiert sein und sollten auch kontrolliert werden.
Wir können uns dabei an dem SMART[7] Ziel orientieren
S-Spezifisch-was möchte ich erreichen?
M-Messbar-wie kann ich meine Erfolge messen?
A-Attraktiv-es ist interessant für mich und ich bearbeite es gerne
R-Realistisch-es ist durchführbar, von mir zu bearbeiten
T-Terminiert-in welchem Zeitrahmen will ich es schaffen?

---

[7] Peter Drucker

Beispiel:
eine 40 -jährige übergewichtige Frau möchte Gewicht verlieren.
Spezifisch: sie möchte und muss Kilos verlieren
Messbar: durch die Waage, Maßband, Kleider die zu weit geworden sind.
Attraktiv: sie kann sich dann besser bewegen, fühlt sich wohler und ist gesünder.
Realistisch: nicht 10 Kilos in der Woche, sondern langsam mit Disziplin und Umstellung der Gewohnheiten
Terminiert: der Zeitrahmen, in dem sie es schaffen möchte

Was ist, wenn Plan A nicht funktioniert, habe ich dann auch einen Plan B oder……?
An dem Beispiel Übergewicht:
Diese Diät hat die Person nicht weitergebracht, sie war frustriert und hat die verlorenen Kilos gleich wieder angesetzt.
Es kann gelingen, wenn die Ernährung umgestellt wird und zugleich sportliche Aktivitäten ausgeführt werden.
Das Ziel fokussieren und sich die Frage stellen:
was kann ich heute tun, um meiner Vision einen Schritt näher zu kommen?
Bei diesem Beispiel: Ich kann heute spazieren gehen, schwimmen oder Gymnastik machen und mich danach mit einem leckeren Salat belohnen.

13.Loslassen

Was bedeutet es loszulassen?
An was halte ich fest, tut es mir gut oder sind das alte Muster, die seit der Kindheit an mir kleben?
Im Jetzt leben, gegenwärtig sein, das Vergangene bewältigt haben und die Zukunft visualisieren.

Der einzige Moment, in dem wir handeln können, ist das jetzt, weil die Vergangenheit können wir nur annehmen und versuchen zu verarbeiten und die Zukunft können wir zwar planen aber wir wissen auch nicht genau, was sie uns an Überraschungen noch bringt.

1. Loslassen bedeutet auch, negative Gedanken ziehen zu lassen und frei werden für Positives.
2. Loslassen heißt auch sich von Gefühlen wie Wut und Ärger zu trennen, weil diese unserem Körper und unserer Psyche Schaden zufügen.
3. Loslassen bedeutet auch verzeihen, den anderen Menschen, die einem Leid angetan haben. Dies kann durch eine Aussprache geschehen. Vergeben und Verzeihen, sich selbst zu entschuldigen bei den anderen.
4. Loslassen bedeutet auch alte Vorstellungen und Einstellungen über Bord zu werfen und durch neue Gedankenmuster zu ersetzen.
5. Die Bewertung der Situation ist subjektiv und kann durch einen Perspektivenwechsel geändert werden. Die Einstellung zu den Menschen und Dingen kann eine andere werden, wenn ich diese relativiere.

Der alte Ärger über eine Beleidigung, die vielleicht schon Jahre her ist, einfach loslassen.
Beispiel:

Frau Y hat Frau Z beleidigt und seitdem reden sie kein Wort mehr miteinander, müssen sich aber jeden Tag sehen, weil sie im gleichen Haus wohnen.
Bei jedem Treffen kommt bei Frau Z der Groll hoch und sie kann es ihrer Nachbarin nicht verzeihen. Sie beobachtet argwöhnisch das Verhalten von Frau Y und meint, dass diese

sie aus dem Haus mobben möchte oder sogar ihr den Mann streitig macht.
Frau Y ist sich keiner Schuld bewusst, weil sie diese Beleidigung gar nicht so ernst genommen hat. Sie ist ein temperamentvoller Mensch und Schimpfworte sind für sie völlig normal, wenn es stressig wird.
Für beide Frauen wäre es gut, wenn sie über diesen Vorfall nochmals sprechen würden, um in Zukunft entspannter miteinander umgehen zu können.
Wer macht den ersten Schritt?

Wir sind alle Menschen und haben Fehler in unserem Leben gemacht, warum halte ich an diesem alten Fehler fest und lerne nicht zu verzeihen?
Was hindert mich den ersten Schritt zu machen und mich mit betreffender Person wieder zu versöhnen?
Ich kann somit diese Beziehung retten, wenn sie mir etwas bedeutet und kann das Problem relativieren.
Wenn es nicht gelingt sich mit der betreffenden Person wieder auszusöhnen, weil diese vielleicht verstorben ist, oder nicht erreichbar ist, oder es auch nicht möchte, dann kann ich meine Einstellung dazu ändern und innerlich einen liebevollen Abschied nehmen.

14.Die Arbeit mit den Gefühlen

Der Umgang mit den eigenen Gefühlen, Blockaden lösen, Ängste bewältigen, Freude spüren, Glück empfinden, Wut auflösen, Ärger nicht herunterschlucken, sondern bearbeiten.

Beispiel: Umgang mit Ängsten

Sich das „Worst- Case Szenario“ vorstellen und ausmalen, damit relativieren wir den Schrecken
Die Fragen stellen:

- „ja und dann?“
- Wie geht es dann weiter?
- Was kann schlimmstenfalls passieren?

Schwierig ist es, wenn wir uns der Situation nicht stellen und ausweichen, weil wir dann keinen Schritt weiterkommen, sondern in der Angstspirale hängenbleiben.
Wir müssen uns selbst Mut zusprechen und uns hinterher auf die Schulter klopfen, wenn wir es geschafft haben.
Unbewältigte Angstzustände können sich in körperlichen oder psychischen Symptomen zeigen und den Menschen auf Dauer krankmachen.
Dies können Kopfschmerzen, Schwindel, Nervosität, Schlafstörungen, Verspannungen, Beklemmungen, Herzrasen, Kribbeln in den Händen…sein.
Unsere Emotionen können wir steuern, indem wir an ihnen arbeiten und versuchen uns weiterzuentwickeln.
Der Mensch der Angst hat, fühlt sich machtlos und ausgeliefert und bei der Arbeit mit den Emotionen kann er versuchen aus dieser Spirale auszusteigen, indem er sich seinen Ängsten und seinen damit verbundenen Gefühlen stellt.

Diese können sich in Gefühlen der:

- ☹ Schuld,
- ☹ Ärger,
- ☹ Wut
- ☹ Hass,
- ☹ Neid,
- ☹ Zweifel,
- ☹ Frustration,
- ☹ Langeweile
- ☹ Pessimismus
- ☹ Misstrauen
- ☹ Eifersucht
- ☹ Trauer
- ☹ Depression

äußern und sollten in positive Gefühle verwandelt werden,
die da wären:

- ☺ Zufriedenheit,
- ☺ Optimismus,
- ☺ Begeisterung,
- ☺ Leidenschaft,
- ☺ Hoffnung,
- ☺ Vertrauen,
- ☺ Liebe,
- ☺ Dankbarkeit,
- ☺ Freude
- ☺ Glück
- ☺ Toleranz
- ☺ Respekt

Die Reflexion der inneren Ängste kann mit Fragen beginnen, die wir uns selbst stellen:

1. Was machen diese Ängste mit uns?
2. Welche Konsequenzen haben sie für unser Leben?
3. Wie realistisch sind sie?
4. Was denke ich über diese Angst, wenn ich sie objektiv betrachte?
5. Was würde ich einer anderen Person raten, wenn sie mir diese Ängste beschreiben würde?
6. Wie könnte ich mich dieser Angst stellen?
7. Welche Schritte sind dazu nötig?

14.1.Die vier Grundformen der Angst

Riemann[8]
In diesem Buch werden die Menschen in vier Persönlichkeitstypen unterteilt und ihr spezifischer Umgang mit den Ängsten wird genauer analysiert.
Riemann betont aber auch dass es neben den Grundtypen natürlich auch Mischformen gibt.

1. Die schizoide Persönlichkeit
   Ein schizoider Mensch kann sich sehr schlecht hingeben und braucht die Distanz. Er wirkt auf andere Menschen unnahbar und kühl. Gefühle sind ihm fremd und er regelt alles mit seinem klaren Verstand. Er lebt in seiner eigenen Welt und will Niemand an sich heranlassen. In einer Beziehung bedeutet dies für den Partner eine große Herausforderung, weil der Schizoide einen Panzer um sich herum aufgebaut hat und es sehr schwer ist, diesen zu durchdringen.

---

[8] Riemann

2. Die depressive Persönlichkeit
   Ein depressiver Mensch hat Angst vor seiner eigenen Weiterentwicklung. Er vermeidet Konflikte und empfindet den Alltag als Last. Wenn er in einer Beziehung lebt dann ist er sehr anhänglich, was für den Partner als Belastung empfunden werden kann. Es kann sich nicht am Leben freuen und sieht kein Licht am Ende des Tunnels.

3. Die zwanghafte Persönlichkeit
   Ein zwanghafter Mensch kann schlecht mit Veränderungen umgehen und Chaos ist für ihn bedrohlich, daher will er, dass Alles so bleibt, wie es gerade ist. Er hasst das Risiko und will den Überblick behalten, daher wird Alles durchorganisiert, geplant und wehe, es kommt etwas dazwischen. Er fühlt sich wohl, wenn immer gleiche Rituale vorherrschen und bekommt die Krise, wenn alles aus dem Ruder läuft. Diese Persönlichkeitsstruktur kann eine Partnerschaft sehr belasten, weil die Leichtigkeit und Flexibilität fehlt.

4. Die hysterische Persönlichkeit
   Der hysterische Mensch hat Angst davor sich zu binden und auch Verantwortung zu übernehmen. Er lebt im Jetzt und interessiert sich nicht großartig für die Zukunft. Er liebt das Risiko und die Spontanität und sein Optimismus ist stark ausgeprägt. Er hasst Traditionen und Regeln und will für sich seine Freiheit in der Gesellschaft ausleben. Das Leben ist für ihn wie eine Bühne und Alltag ist dazu da, eine Show abzuziehen. In einer Partnerschaft wird es hier

auch Probleme geben, weil das unstete Verhalten für die Beziehung Gift ist.

Die Grundangst ist in jedem Menschen von Geburt an da und es gilt herauszufinden, inwieweit sie uns lähmt und bearbeitet werden soll.
Ängste gehören zum Leben und schützen uns auch vor echten Gefahren. Sie sollten uns aber nicht dauerhaft einschränken, sondern wir sollten daran reifen.
Wenn wir ihnen ausweichen, dann werden sie uns hinterherlaufen, solange bis wir sie bearbeitet haben.

14.2.Das Gefühl der Hoffnungslosigkeit

Es zieht uns herunter und wir sind wie ein Hamster im Rad gefangen. Die Menschen fühlen sich hilflos ausgeliefert und sehen für sich selbst keine Perspektive mehr.
Daraus kann sich eine Depression entwickeln und dies ist dann noch gefährlicher, weil sich der Mensch selbst wie ein Versager fühlt und keine Kraft hat, irgendwelche Schritte zu unternehmen.

Beispiel:

Ein 16 -jähriges Mädchen ist von zuhause ausgerissen und untergetaucht. Sie ist auf die schiefe Bahn geraten und muss nun für einen Zuhälter als Prostituierte arbeiten. Ihre Eltern suchen sie, aber sie ist nicht auffindbar. Sie selbst bedauert ihren Schritt, das Elternhaus verlassen zu haben, traut sich aber nicht die Eltern anzurufen und sie um Verzeihung zu bitten. Sie glaubt, dass sie keine Chance hat aus diesem Bordell zu entfliehen und fügt sich der Situation.
An eine gute Zukunft mit einem Beruf, bei dem sie auf gute und sichere Weise ihr Geld verdienen kann, glaubt sie nicht

mehr. Durch ihr mangelndes Selbstvertrauen ist sie das ideale Opfer für diese Machenschaften.

Beispiel:

Häusliche Gewalt, bei der sich eine Frau oder auch ein Mann vom Partner oder Partnerin schlagen lässt und keine Wege mehr sieht, an dieser Situation etwas zu ändern.

14.3.Das Gefühl der Trauer

Trauer ist wichtig, wenn wir zum Beispiel einen geliebten Menschen verlieren. Dieses Gefühl muss durchlebt werden, aber nach einer gewissen Zeit sollte es nicht mehr so intensiv sein. Wir können den geliebten Menschen im Herzen tragen und gute Erinnerungen pflegen, Dankbarkeit zeigen für die Zeit, die wir mit ihm verbringen durften.

Beispiel:

Eine Frau verliert ihren Mann nach 50 gemeinsamen Ehejahren. Es ist eine sehr lange Zeit, die das Paar miteinander verbringen durfte und sie haben sich gut verstanden und immer gegenseitig geholfen. Der Mann erleidet einen Herzinfarkt und stirbt noch am gleichen Tag. Die Ehefrau ist völlig schockiert von dieser Nachricht und bricht zusammen. Sie will nicht mehr aus dem Bett aufstehen und möchte auch gerne sterben. Ihre Kinder und Enkelkinder stehen ratlos am Bett und wollen sie aufmuntern. Die Frau aber lässt sich nicht trösten und schlägt auch alle fachlichen Beratungen aus. Letztendlich stirbt sie nach 14 Tagen und so haben ihre Kinder nicht nur den Vater, sondern auch die Mutter verloren.
Die Trauer war für die Frau so heftig, dass sie ihren ganzen Lebensmut verloren hat und daran zerbrochen ist.

Sie hat dabei vergessen, dass ihre Kinder und Enkelkinder noch da sind und dies hätte ihren Lebenswillen stärken können.

Es ist natürlich nicht einfach, wenn ein Mensch plötzlich stirbt, sei es durch einen Verkehrsunfall oder wie in dem Beispiel der Herzinfarkt. Die Familie ist schockiert, zunächst wie gelähmt und muss erst lernen, diese Situation anzunehmen.
Bei einem Menschen, der lange krank ist und die Familie von den Ärzten aufgeklärt wurde, wird die Todesnachricht die Angehörigen zwar auch sehr traurig stimmen, doch sind diese darauf vorbereitet.
Das Gefühl der Trauer muss verarbeitet werden und braucht seine Zeit. Gleichzeitig sollten aber die persönlichen Aufgaben im Leben erfüllt werden und der Tod in seiner Selbstverständlichkeit gesehen werden.
Wir müssen alle einmal sterben und damit müssen wir uns abfinden.

14.4.Das Gefühl der Minderwertigkeit

Die Gefühle der Minderwertigkeit werden auch nicht besser, wenn wir uns ständig mit anderen Menschen vergleichen, weil dann zu der Minderwertigkeit noch das Gefühl des Neides kommen und das kann sich in Hass verwandeln.
Wir werden sauer und vergiften uns damit selbst.
Unsere Komplexe sollten hinterfragt werden, weil sie uns daran hintern, ein Selbstbewusstsein zu entwickeln und unsere Kontakte einschränken.

1. Warum haben wir so wenig Selbstbewusstsein?
2. Mit wem vergleichen wir uns ständig?
3. Welche Schritte können aus diesem Sumpf führen?
4. Was triggert uns immer wieder an?

5. Welchen Anteil daran spielen Erlebnisse aus der Kindheit?

Beispiel:

Ein 60-jähriger Mann, der beim Therapeuten weint, weil er als 5-jähriger Junge einmal ausgelacht worden ist.
Er hat diese Situation niemals vergessen und denkt heute noch, dass die anderen Menschen über ihn lachen, weil er zu dick ist.
Er könnte sich mit dieser Beleidigung aus der Kindheit aussöhnen und versuchen diese aus seinem Gedächtnis zu streichen. Gleichzeitig könnte er sich mit seinem Gewicht auseinandersetzen und eine Diät starten.
Es geht darum ein neues Bild von sich selbst zu kreieren und nicht im eigenen Bedauern steckenzubleiben.
Viele Menschen werden mit einer körperlichen oder seelischen Behinderung geboren und schlagen sich durch ihr Leben, indem sie versuchen das Beste aus sich herauszuholen.
Sie wurden bestimmt auch schon ausgelacht, doch sie haben weitergemacht und mache von ihnen sind dadurch zu Höchstleistungen aufgelaufen.

14.5.Das Gefühl der Unzufriedenheit

Viele Menschen sind auch ständig unzufrieden mit sich und ihrer Umgebung und nehmen dabei die wundervollen Dinge, die um sie herum passieren gar nicht mehr wahr.
Sie wollen immer mehr und bleiben in der „Habens“-Ebene stecken.
In den Medien werden Filme gezeigt, bei denen die Menschen in großen und schönen Häusern wohnen und diese Eindrücke schüren das Gefühl der Unzufriedenheit an.

Beispiel:

Die Mutter, welche jammert, dass sie nur den ganzen Tag zuhause sitzen muss und ihre Kinder betreuen soll. Sie ist unzufrieden mit ihrer Situation und will ein besseres Leben haben.
Durch ihre Unzufriedenheit ändert sie aber nichts daran, sondern wird im Gegenteil sich immer noch schlechter fühlen. Die Kinder brauchen eine zufriedene Mutter, die ihnen vorlebt, wie das Leben gemeistert werden kann.
Hier kann überlegt werden:

- wie kann ich meine Zeit ausfüllen?
- Warum bin ich unzufrieden?
- Was fehlt mir genau?

Diese Mutter muss verstehen, dass sie ihre Kinder über Jahre bis in das Erwachsenen Leben begleiten muss und diese Verantwortung soll sie auch spüren. Es ist eine Herausforderung, Kinder großzuziehen, aber es gibt hier unvergessliche Momente, um die jede kinderlose Frau diese Mutter beneiden wird.
Wenn die Kinder dann flügge sind, hat sie mehr Zeit als ihr lieb sein wird, um sich ihren Interessen zu widmen.

14.6.Das Gefühl der Kränkung

Es gibt Menschen, die fühlen sich ständig von den anderen angegriffen, sind beleidigt und gekränkt.
Sie können nicht verzeihen, verbeißen sich in ihren Kummer, halten diesen fest und werden dann wirklich krank.
Es gibt für sie keinen Weg aus diesem Dilemma zu entkommen und daher ist es schwierig für die Umwelt mit ihnen auszukommen. Letztendlich will keiner sich den Spaß verderben lassen, nur weil die „beleidigte Leberwurst" wieder am Tisch sitzt.

1. Was steckt hinter diesem Gefühl der Kränkung?
2. Warum sind sie immer gleich beleidigt?
3. Wie kommen sie aus diesem Tunnel wieder heraus?
4. Welche Möglichkeiten haben sie, ihr Selbstbewusstsein aufzubauen?

Sie fühlen sich sehr schnell angegriffen und sehen ihre eigenen Ressourcen nicht. Die Umwelt hat mit ihnen ein leichtes Spiel und sie werden dann Opfer.

Beispiel:

Ein Jugendlicher wird in der Schule ausgelacht, weil er zu schmächtig ist.
Er ist gekränkt und dieses Gefühl spiegelt sich in seinem Gesicht wider. Die Klasse nutzt die Schwäche aus und mobbt ihn. Der Junge sieht keine Möglichkeiten sich zu wehren und baut sich eine Fantasiewelt auf in der er sich verliert.
Hier ist es wichtig, frühe Anzeichen zu erkennen und den Kränkungen auf die Spur zu kommen.

14.7.Schuldgefühle

Dann gibt es Menschen, die von Schuldgefühlen geplagt werden und nicht wissen, wie sie sich davon befreien können.
Es geht um eine Analyse der Schuld:

1. Ist das Gefühl real?
2. Habe ich jemand geschädigt?
3. Wen habe ich verletzt?
4. Wie kann ich es wiedergutmachen?
5. Wie kann das Schuldgefühl aufgelöst werden?
6. Welche Personen lösen das Gefühl aus?
7. Gibt es Menschen, bei denen wir uns entschuldigen sollten?

Jeder Mensch hat schon einmal etwas gemacht, was nicht richtig war und bei dem er sich nicht gut gefühlt hat.
Bei Schuldgefühlen welche tiefer sitzen sollten wir aber die Verantwortung spüren sie zu bearbeiten, bevor sie unser Leben in einer negativen Art beeinflussen.

Beispiel:

Ein 13 -jähriges Mädchen möchte gerne in einer Clique dabei sein und es wird von ihr eine Mutprobe verlangt. Sie soll einer alten Frau die Handtasche rauben.
Nach der Tat wird sie von Schuldgefühlen geplagt und zieht sich immer mehr zurück. Ihr Gewissen spricht mit ihr und sagt ihr:
„das war sehr schlecht, was Du gemacht hast. Diese alte Frau hat nun alle Papiere verloren und auch ihre Geldbörse mit Erinnerungsfotos und ein paar Münzen."
Das Schuldgefühl von diesem Mädchen könnte aufgelöst werden, wenn sie sich zu ihrer Tat bekennt, die Tasche zurückgibt und sich von der Clique fernhält.
Besser noch wäre es, diese Frau zu besuchen, sich zu entschuldigen und ihr als Zeichen der Wiedergutmachung hilft, bei Einkäufen oder im Haushalt.

14.8.Eifersucht:

„Die Eifersucht ist eine Leidenschaft, die mit Eifer sucht, was Leiden schafft."[9]

Eifersüchtige Menschen sehen in Allem eine Gefahr und treiben mit ihrer Angst ihren Partner unter Umständen genau dahin, wovor sie Angst haben.

---

[9] Franz Grillparzer

Am Ende haben sie recht, weil sich der Partner abwendet und eine neue Beziehung eingeht.
Gegen diese negativen Gefühle müssen wir in den Krieg ziehen und durch positive Muster ersetzen.
Wir können unseren Partnern einen Vertrauensvorschuss geben und müssen nicht argwöhnisch jeden Schritt überwachen. Falls wir aber dann doch enttäuscht werden sollten, dann sollte uns klar sein, dass eine Enttäuschung letztendlich eine Befreiung von einer Täuschung ist.
Wir haben uns geirrt, und das gehört ja zum Leben dazu und wir können ja nicht im Voraus schon wissen, ob die Beziehung Bestand haben wird. Mit unserem Misstrauen wird sie wenig Chancen haben.

Beispiel:

Der eifersüchtige Partner, welcher heimlich die Brieftasche nach möglichen Zetteln durchsucht, das Smartphone kontrolliert oder hinterherfährt, um zu sehen was der andere macht.
Eifersüchtige Menschen können ihren Partnern das Leben zur Hölle machen und dadurch die Beziehung töten.
Gesellschaftliche Ereignisse werden dann analysiert auf mögliche Flirtversuche des anderen und in allem und jedem Menschen, der ihnen begegnet, wittern sie Gefahr.

Ein lebensfroher Mensch baut sich ein Netzwerk an Freunden auf, möchte lachen und sich seines Lebens freuen, doch das ist Gift für einen Eifersüchtigen, weil er sich vorstellt, wie der Partner ihn nur noch betrügt.
Hier geht es auch wieder um einen Mangel an Selbstvertrauen und ein grundsätzliches Misstrauen an den anderen.
Mit dieser Haltung aber werden sie sich keine Freunde schaffen oder eine gute Beziehung führen können, weil das

niemand aushalten möchte und sich dann logischerweise zurückzieht.
Wir hören in den Nachrichten was passieren kann, wenn die Eifersucht eskaliert und wie es schlimmstenfalls enden kann. Daher ist es wichtig, dieses schlimme Gefühl zu bändigen und zu bearbeiten.

14.9.Neid

Der neidische Mensch kann lernen, den anderen ihr Glück zu vergönnen, er weiß ja gar nicht welche Qualen sie durchstehen, sondern sieht nur das große Auto vor der Tür. Er muss aufhören sich zu vergleichen und dankbar werden für das eigene Leben.
Er sollte sich selbst befragen:

- Warum bin ich auf diesen Menschen neidisch?
- Was hat er, was ich nicht habe?
- Wie könnte ich es auch schaffen?
- Welche Schritte müsste ich dabei gehen?

Beispiel:

Zwei Brüder haben jeweils gebaut und viel Geld dafür von ihren Eltern bekommen. Der ältere Sohn hat 5 Jahre vor dem jüngeren Sohn das Haus aufgestellt und daher sind seine Fenster nicht so schön, wie die des Jüngeren. Er ist nun neidisch auf seinen kleinen Bruder und erzählt dies auch seinem Vater. Dieser möchte, dass Beide gleichbehandelt werden und sorgt dafür, dass der ältere Sohn jetzt auch neue Fenster bekommt.

Dieses Beispiel zeigt anschaulich wie sich der Neid ausdehnen kann und welche unverschämten Forderungen daraus entwachsen können

Die Söhne sind es gewöhnt, dass die Eltern ihnen helfen und daher können sie auch diese Ansprüche stellen.

Den Eltern ist gar nicht bewusst, was sie mit ihrer Hilfe anrichten und welche Schäden noch in Zukunft auf sie zukommen werden.

14.10.Wut

Der wütende Mensch steigert sich in Sachen hinein, macht aus der Mücke einen Elefanten, merkt dabei gar nicht, wie er damit seine Mitmenschen quält und wie sie immer mehr Abstand zu ihm nehmen. Am Ende bleibt die Isolation und die Wut wird größer. Er stellt sich selbst in die Ecke und sieht sich im Recht. Bei einer Kleinigkeit rastet er aus und schafft es kaum sich wieder zu beruhigen.

Beispiel:

Der Familienvater rastet aus, weil die Suppe kalt ist.

Seine Familie muss diese schlechte Laune ertragen und auf Zehenspitzen durch das Haus laufen, um ihn nicht zu verärgern.

Er ist nicht bereit an sich zu arbeiten, die Gefühlsausbrüche in Griff zu bekommen und sieht sich selbst im Recht.

Die Ehefrau und die Kinder leiden unter dieser Situation, schmieden Fluchtpläne, haben aber Angst davor, diese in die Tat umzusetzen.

Sie sehen dabei zu, wie der Wüterich immer mehr an Porzellan zerschlägt und meinen, dass sie dies ertragen sollen.

Sie hoffen, dass er sich eines Tages bessern wird. Dieser rabiate Mensch wird sein Verhalten nicht ändern, wenn die

Familie dies weiter schluckt, sondern er wird noch rasender werden. Die Auswüchse des wütenden Verhaltens kennen wir ebenfalls aus den Medien.

14.11.Wie schaffen wir es, unsere Gefühle zu beeinflussen und uns nicht mehr von ihnen verrückt machen zu lassen?

Die Distanz zu sich selbst herstellen und sich aus einer anderen Perspektive zu betrachten ist eine Leistung, die trainiert werden kann.
Wir können uns selbst in Griff bekommen und müssen dies auch tun, wenn wir größeren Schaden vermeiden wollen und sozial kompetent handeln wollen.
Vom egozentrierten Menschen hin zu einer verantwortungsvollen Persönlichkeit, die sich selbst zu disziplinieren weiß.
Raus aus der Ego-Falle, aus dem ständigen Kreisen um die eigene Person und das Hinterfragen sämtlicher Gefühlszustände hin zu einem Menschen, der sich seinen Aufgaben stellt und sich selbst nicht so wichtig nimmt.

Das unabhängig werden von den Außeneffekten und Inneneffekten ist der größte Sieg in der Selbstfindung.

Das heißt ich bin nicht mehr abhängig von den Aussagen der anderen und meinem inneren Kind, sondern ich verwirkliche meine Ziele und trage Verantwortung, auch wenn ich jetzt gerade keine Lust dazu habe.
Ich wechsele die Perspektive und höre auf, mich zu bedauern.
Die Aufgaben, die auf mich warten sind kein Muss, sondern sie werden gerne bearbeitet.
Ich sehe die Bedeutung in meinem Tun. Ich gebe die Erwartungshaltung auf und überprüfe was ich selbst gebe,

betrachte es als Geschenk, wenn andere Menschen mich lieben und mir Gesellschaft leisten wollen.
Selbstgespräche helfen mir dabei, die Negativität zu verbannen und mich selbst zu reinigen.
Das Glück stellt sich ein, wenn ich mich den Aufgaben des Lebens stelle in einer verantwortungsvollen Haltung.
Ich kann meine Einstellung zu den Dingen ändern und akzeptieren, was ich nicht ändern kann. Dies gibt mir Kraft und Mut für die weitere Aufgaben, welche das Leben von mir erwartet.

15.Die Aura

Die Aura umgibt den Menschen wie eine Hülle und strahlt auf seine Umwelt ab. Jeder bekommt das, was er aussendet zurück, es ist wie ein Echo, das in die Welt hinaushallt. Die äußere Welt zeigt sich als Spiegel unseres Innenlebens. Die Wahrnehmung der Einzelnen unterscheidet sich sehr stark voneinander, weil jeder Mensch andere Dinge im gleichen Raum wahrnimmt. Während der eine z.B sich über den Sonnenschein freut, sieht der andere schon die Regenwolken die nahen und so verhält es sich auch mit unseren Empfindungen.

Beispiel:

„ich bin heute sehr glücklich und freue mich meines Lebens“
Da kann die Antwort lauten: „ja dann schau einmal, wie schnell Du wieder traurig bist, es ist alles schlimm und schlecht.“
Der glückliche Mensch sieht schöne Dinge in seiner Umgebung, während der depressive Mensch vielleicht sagt: „Soll ich mich jetzt noch freuen, bloß weil die Sonne scheint?“

Die Aura, welche den Menschen umgibt, spüren kleine Kinder und auch Tiere. Sie wissen genau, wenn ein Verhalten nicht echt ist und nur vorgespielt wird. Es geht um die Energie, die wir ausstrahlen und die Liebe, die wir vorleben.
Kein Verharren in dem „wollen", sondern eine Einstimmung auf das „sollen", auf das was von uns verlangt wird.
Dazu gehört sich von dem trotzigen inneren Kind zu befreien, um die Aufgaben, die an uns gestellt werden, erfüllen zu können.

16.Bewußt leben

Wir fokussieren uns auf den Moment und lenken unsere Konzentration auf die jeweilige Aufgabe. Dazu bringen wir unsere Fähigkeiten und Fertigkeiten ein und sind uns bewusst, dass wir diese ständig erweitern und ausbauen können.
Konflikte erleben wir als Herausforderung und bewältigen sie, indem wir verschiedene Strategien nutzen. Aus Erfahrungen lernen wir und bauen diese Handlungsmuster in

unsere weitere Entwicklung ein. Wir verlieren uns nicht in Multi-Tasking, sondern gehen Schritt für Schritt vor.
Wenn ich esse, dann genieße ich das Mahl und denke nicht, welche Aufgaben danach auf mich warten.
Wenn ich arbeite, dann konzentriere ich mich auf meinen Bereich und wenn ich zuhause bin, kann ich abschalten und mich ausruhen.
Die Menschen, die mir begegnen, nehme ich bewusst wahr, wenn ich mit ihnen spreche, dann höre ich auch zu und lese zwischen den Zeilen, was sie mir sagen möchten.
Wenn ich verreise dann bin ich an diesem Ort und kann die Schönheit des Augenblicks genießen, ohne mir wieder Sorgen um mein Zuhause oder meine Arbeit zu machen.
Am Abend reflektiere ich über den Tag und frage mich, was ich am nächsten Tag besser machen kann oder auch was mir gut gelungen ist.
Wenn ich schlafen gehe, dann stelle ich mein Gehirn auf Standby und entspanne mich. Die Sorgen lasse ich ziehen und stelle mir schöne Dinge vor, die mich beruhigen. Dazu gehört Disziplin, seinen Körper zu entspannen und seine Seele baumeln zu lassen. Auf die innere Stimme hören und Zwiesprache mit sich selbst führen.

17.Glück

Das Glück ist ein Zustand, der kommt und geht, wir können ihn nicht einfangen aber wir können uns trainieren, gute Dinge wahrzunehmen und dankbar zu sein.
Beim Lachen werden Glückshormone ausgeschüttet und wir entspannen gleichzeitig. Hier geht es um ein Lachen, das von Herzen kommt und ansteckend wirkt. Menschen, die herzhaft lachen können sind sehr reiche Menschen, weil sie sich von ihren Problemen distanzieren können und im Moment leben können. Sie erleben den Spaß und lachen darüber, damit tun

sie ihrem Körper und ihrer Seele sehr viel Gutes. Sie bauen damit Stress ab und sorgen für eine gute Immunlage.
Die Zusammenhänge von Immunlage und Affektlage sind uns allen bewusst und wir sind aufgefordert unser Immunsystem aufzubauen und das gelingt, wenn wir unsere positiven Affekte herauskitzeln.
Die Visualisierung von herrlichen Urlaubsbildern, guten Erlebnissen und Menschen, die wir lieben stärken unsere mentale Gesundheit und wir können so Energie tanken.
Das Glück liegt in uns selbst und wir finden es in Kleinigkeiten, im Alltag, beim Spaziergang in der Natur, beim Anblick eines Vogels oder Pflanzen, wir hören ein Kind lachen oder lauschen der Musik.

Der Fokus liegt hier auf der bewussten Wahrnehmung des Schönen. Wir können unser Gehirn darauf programmieren, die schlechten Dinge zwar aufzunehmen aber gleichzeitig sollen wir es mit guten Eindrücken füttern.
Dies kann auch bei dem Hören von aufbauender Musik geschehen oder im kreativen Tun. Wenn wir die Zeit vergessen, weil wir uns einer Sache widmen, die uns guttut,

dann können wir einen „Flow“[10] erleben. Hier werden Glückshormone ausgeschüttet und der Körper tankt auf. Wir vergessen dabei Zeit und Raum und gehen in der Beschäftigung völlig auf.

18.Unterschied zwischen erfolgreichen und erfolglosen Menschen

Erfolgreiche Menschen haben ein vernünftiges Zeitmanagement, während Erfolglose unorganisiert sind. Sie schieben den Aufgabenberg vor sich hin, während der erfolgreiche Mensch ihn abarbeitet und sich Luft schafft für neue Aufgaben.
Erfolgreiche Menschen sind der Überzeugung, dass es sich um ein lebenslanges Lernen handelt, während der Erfolglose meint, schon Alles zu wissen.
Der erfolgreiche Mensch setzt sich Ziele und arbeitet systematisch, während der erfolglose Mensch sich seiner Aufgaben und Ziele gar nicht recht bewusst ist. Der erfolgreiche Mensch lernt aus seinen Fehlern und schlägt einen anderen Weg ein, wenn dies erforderlich ist. Der Erfolglose ist starr in seinem Denkmuster gefangen und bleibt in seiner Gedankenspirale hängen.

Zitat
Augustinus[11]: Was Du entzünden willst, muss in Dir selbst brennen

---

[10] Mihály Csíkszentmihályi
[11] Augustinus

Wer sein inneres Feuer entdeckt hat, kann zu Höchstleistungen auflaufen. Die innere Begeisterung treibt ihn an und kann andere Menschen mitziehen. Für eine Sache gemeinsam kämpfen, an ihr arbeiten, den Sinn dahinter verstehen, das kann ungemein motivieren und hinterlässt ein gutes Gefühl.

Nicht wie ein Roboter im Alltag sich einfügen, sondern wie ein denkender und planender Visionär handeln.
Wir Alle sind gefordert in der Gestaltung unserer Zukunft auf unserem Planeten für uns und für unsere Nachkommen einen Beitrag zu leisten.
Wer dies verstanden hat kann es weitergeben und als Multiplikator der Sinnhaftigkeit unserer Existenz wirken.

19.Wie kann ich meine Persönlichkeit weiterentwickeln?

Ich bin bereit mich auf das Abenteuer Leben einzulassen und stelle mich den täglichen Herausforderungen.

Die Akzeptanz der täglichen Aufgaben, das Verantwortungsgefühl für meine Umwelt und mich selbst, sowie die Vorstellungen von der Zukunft sind die Basis für die Planung. Ich kann meine Ziele in kleine Etappen gliedern und mir selbst genügend Zeit dafür geben, um diese umzusetzen.

Sich selbst schützen vor zu vielen Eindrücken und Anforderungen, die jeden Tag auf uns einströmen.

Die Herausforderungen annehmen, aber zugleich auch Grenzen setzen, die der Erholung dienen sollen.

Den Körper pflegen und die Psyche reinigen, um Kraft zu haben, den Alltag zu meistern.

Bestandsaufnahme machen, eine innere Inventur, was habe ich bisher erreicht, was will ich noch schaffen?

Welche Rituale können mir dabei helfen?

Die Fragen beziehen sich auf den jetzigen Lebensumstand, wir können uns aber auch gedanklich in die Vergangenheit bewegen, um nach Ressourcen zu suchen, die verschüttet worden sind:

- Habe ich vielleicht in der Kindheit mir mein Leben anders vorgestellt?
- Was ist davon übriggeblieben?
- Was hält mich ab, diese Träume zu verwirklichen?
- Welche Altlasten trage ich mit mir herum?
- Was belastet mich und hält mich ab, ein glückliches Leben zu führen?
- Was mag ich an mir?
- Was stört mich?
- Wie kann ich mein Umfeld positiv beeinflussen?

Diese Reflexionsfragen dienen der persönlichen Weiterentwicklung und wer möchte, kann sich ein Feedback von anderen Menschen geben lassen, um so seine Schwächen und Stärken aus einer anderen Sichtweise kennenzulernen.
Am Modell des Eisberges[12] am Pareto Prinzip können wir erkennen, wie wenig von unserer Person für die anderen sichtbar ist.
Sie sehen nur die Spitze und dies sind circa 20%:
unsere Worte, unsere Handlungen und unsere Erscheinung.
Die verbleibenden 80% sind für die anderen Menschen und für uns selbst manchmal auch verborgen.
Wir können unsere Persönlichkeit entwickeln, wenn wir uns in die Tiefe begeben und uns unseren Ängsten, Sorgen und Wünschen stellen.
Psychische Verletzungen aus der Kindheit sollen bearbeitet werden, um ein freies Leben zu ermöglichen.
Bindungsstörungen, Gefühlsarmut und Urmisstrauen können uns ein Leben begleiten und lähmen.
Stelle Dich Deinem Schattenkind und verwandele es in ein Sonnenkind, erlange Dein Vertrauen in Dich und die Welt wieder. Überprüfe Deine Wertvorstellungen auf deren Richtigkeit.
Passen diese in mein jetziges Leben oder sind das veraltete Prägungen?

Beispiel:

„Kind Du bist schon wieder schmutzig, das ist ja ekelig“
Das Kind soll immer sauber und adrett sein und darf sich nicht schmutzig machen. Seine Freunde spielen im Sandkasten, während die Mutter es wie eine Puppe kleidet

---

[12] Vilfredo Federico Pareto

und verhindert, dass es sich mit den anderen Kindern austoben kann.

Ein kreativer Mensch, der mit Farben arbeitet und in seinem Werk aufgeht, wird sich gerne schmutzig machen, weil das zu seiner Arbeit gehört und er muss diesen Satz aus seinem Gehirn streichen.
Wenn wir weiterkommen wollen müssen wir uns unseren Ängsten stellen und diese versuchen aufzulösen. Die Opferhaltung aufgeben und sich seiner Verantwortung bewusst sein. Es sind nicht die anderen schuld, wenn ich mich schlecht fühle, sondern ich kann sehr viel dazu beitragen, das Leben zu gestalten und mir „Highlights" zu schaffen.
Wem dies nicht gelingt, ist gefährdet ein Opfer seiner Mutlosigkeit zu werden und wird zum Instrument für manipulative Menschen. Er gerät dabei in einen Strudel, aus dem er so leicht nicht mehr herauskommt und er sollte sich dringend Hilfe holen, bevor es zu spät ist.
Viele Menschen haben aber Angst davor, Schwäche zu zeigen und versuchen ihre Mitmenschen zu täuschen, indem sie sich „maskieren". Das kann durchaus bei oberflächlichen Gesprächen gelingen, aber auf Dauer schaden die Menschen sich nur selbst und bremsen ihre eigene Entwicklung aus.

20.Transaktionsanalyse nach Eric Berne[13]

Berne beschreibt in seiner Transaktionsanalyse verschiedene Ich-Zustände

1. **Das Kind Ich**
   Beim kindlichen Ich sprechen wir von dem Verhalten, Denken und Fühlen welches wir aus der Kindheit

[13] Eric Berne

kennen und im Gehirn gespeichert haben. Gefühle wie Freiheit, Spaß, Lebenslust, Neugier, Intuition, Mut, Ärger, Trotz, Aggressivität, Angst, Aufbegehren, Ohnmacht
Im kindlichen Ich wollen wir uns ausleben, begehren auf und rebellieren gegen äußere Umstände.

2. **Das Erwachsenen Ich**
   Das erwachsene Ich ist das Schaltorgan zwischen kindlichem Ich und Eltern ich und es argumentiert auf der sachlichen Ebene, logisch und rational. Es wägt ab, analysiert und handelt vernünftig im Jetzt.
3. **Das Eltern Ich**
   Als mahnender Zeigefinger mit den Anweisungen, die es zu erfüllen gilt. Das darfst Du tun und das nicht- Gebote, Verbote und Regeln.
   Das persönliche Gewissen, welches uns ermahnt, dies und jenes zu tun oder zu unterlassen. Es geht um die verinnerlichten Normen, die uns durch die Erziehung vermittelt worden sind.

Der Mensch erlebt diese verschiedenen Ich Formen und wenn das Erwachsenen Ich als Schaltorgan zwischen dem Wollen und Sollen gut regelt, dann kann der Mensch sich als ganzheitlich erleben, nach dem Motto:

„ich erlaube mir die unbeschwerte kindliche Lebensfreude, weiß aber um meine Aufgaben und erfülle diese auch.“

Wer aber in dem kindlichen Ich gefangen bleibt, wird Probleme haben, seine Gefühle zu regulieren und die Notwendigkeit der Reifung nicht verstehen. Er bleibt auf dieser Stufe stehen und versäumt es sich seinen Aufgaben zu stellen.

Menschen, die zu sehr auf das Eltern Ich hören, laufen in Gefahr sich nur nach den Regeln zu richten und dabei bleibt die Lebensfreude auf der Strecke.
Das Erwachsenen Ich als der Vermittler soll stark sein und sich immer wieder hinterfragen, ob das jeweilige Verhalten an die Situation angepasst ist. Der sogenannte Regler muss immer wieder neu eingestellt werden.

21.Motivation

Ich visualisiere meine Ziele und erreiche sie in kleinen Schritten

Der Erfolg stellt sich ein, wenn ich eine Idee habe, darüber nachdenke, es versuche und wenn es nicht klappen sollte, einen anderen Weg einschlage. Dazu gehört Hartnäckigkeit aber auch Flexibilität.
Zuerst geht es um ein Ziel, welches realistisch betrachtet auch eine Chance hat erreicht zu werden.
Dann kann der Plan erstellt werden und die Schritte festgelegt werden.
Dazu gehört Willenskraft und Motivation, die trainiert werden kann.

Wichtig ist es fokussiert zu sein, auf das Ziel und gleichzeitig dem Körper auch Pausen zu gönnen, sich für Zwischenziele zu belohnen und das Erreichte zu reflektieren.
Ebenso gut ist es sich Vorbilder zu suchen, die Ähnliches geschafft haben.
Sich in Netzwerken umsehen und sein Wissen ausbauen.
Stärkenorientiertes arbeiten bringt Begeisterung für das Ziel

22.Affirmationen als Wegbegleiter

Wir können unser Gehirn positiv beeinflussen und neu programmieren, indem wir uns immer wieder diese Affirmationen vorsprechen und somit verinnerlichen.

1. Ich mag mich selbst und nehme mich an, wie ich bin.
2. Meine Gesundheit ist mir wichtig und ich achte auf mich
3. Ich finde mein Glück in mir selbst
4. Heute ist ein guter Tag und ich werde das Beste herausholen
5. Ich werde heute freundlich auf meine Mitmenschen zugehen
6. Ich fühle mich stark und gut
7. Ich weiß was ich kann und gebe mein Bestes
8. Ich spüre die Geborgenheit und fühle mich sicher
9. Ich vertraue mir selbst und den anderen

Sich selbst auch einmal loben und gut zusprechen ist Balsam für die Seele.

23.Mentales Training

Die obengenannten Affirmationen sind ein Teil des mentalen Trainings, sie stimmen uns auf das Positive ein und programmieren unsere Gedanken neu.
Weitere Elemente des mentalen Trainings wären:
Zielsetzung-zuerst müssen wir uns fragen:
was wollen wir erreichen?
Dann sollten wir die äußeren Einflüsse untersuchen:

- Welche Rituale habe ich?
- Was kann noch ausgebaut werden?
- Was kann ich nicht ändern?

Innere Einflüsse:

- Ängste
- Unkonzentriertheit
- Krankheiten

Wie kann ich mich selbst mental steigern?

- Indem ich meinen Körper selbst besser kennenlerne
- Dazu kann ich Wahrnehmungsübungen machen
- Konzentrationstraining
- Fitnessprogramme
- Fantasiereisen
- Yoga
- Entspannungsübungen
- Atemtechniken
- Visualisierung
- Gedankenstopp
- Mir Vorbilder suchen

Die Kraft der Gedanken kennenlernen und einsetzen im Alltag, um Blockaden aufzuspüren und zu lösen.

Mein Mindset ändere und mich auf die Reise zu mir selbst begebe.
Meine Frustrationstoleranz ausbaue und lerne mit Niederlagen besser umzugehen.
Mich meiner Stärken bewusstwerden und sie ausbaue, indem ich mir selbst vertraue und mich an meinen Werten im Leben orientiere. Diese müssen auch an die jeweilige Situation angepasst sein und immer wieder neu überprüft werden.

Beispiel: ich will meine Konzentration steigern

Dazu brauche ich eine Strategie, um meine geistige Fitness im Alltag zu trainieren.

- Wie geht das in der Praxis?
- Wann mache ich das?
- Wie genau?
- Welche Methoden wende ich an?

Beim mentalen Training werden soziale und emotionale Kompetenzen gestärkt, das Selbstbewusstsein und die Konzentrationsfähigkeit ausgebaut.
Es unterstützt die physische und psychische Gesundheit, indem es unsere Verspannungen lösen kann, unser Selbstbewusstsein stärkt und gleichzeitig uns motiviert, weiterzumachen.
Dabei wird die geistige und physische Flexibilität trainiert und wir lernen unsere Emotionen besser zu regulieren.
Gleichzeitig können wir Schlafstörungen mildern und unser allgemeines Wohlbefinden steigern.
Wir können uns konzentrieren, unsere Gedanken zügeln und uns auf positiv stimulieren.
Es geht im mentalen Training um eine Steigerung der körperlichen und geistigen Potentiale.

Mentales Training kann sich positiv auf den Körper und die Gesundheit auswirken, es kann auch im Beruf Erfolge verzeichnen und in der Beziehung Akzente setzen.
Wir fühlen uns oft ausgelaugt und wissen gar nicht mehr, woher wir unsere Kraft nehmen sollen und wenn wir dabei Methoden kennenlernen, bei denen wir uns sehr schnell wieder fit fühlen, dass wäre es sinnvoll, diese in den Alltag einzubauen.

1. Ich brauche jetzt Energie
2. Mein Körper schreit nach Entspannung
3. Von mir wird jetzt eine großartige Leistung erwartet

24.Mentale Techniken

- Mentale Techniken zum Aufbau der Persönlichkeit, um das Selbstvertrauen zu stärken, oder mehr Motivation zu finden, um ein glücklicheres Leben zu haben.
- Mentale Techniken bei Beziehungskrisen, um emotionale Konflikte zu mildern und Schuldgefühle zu bearbeiten.
- Mentale Techniken bei Blockaden, um diese zu erkennen und zu lösen.
- Mentale Techniken, um Entspannung zu lernen und Kraft zu tanken
- Im Sport, um bessere Leistungen zu erzielen
- In der Arbeit, um sich besser konzentrieren zu können.

Beim mentalen Training spielen wir die Verhaltensweisen gedanklich durch, wir sehen das Muster vor dem geistigen Auge.
Wenn wir regelmäßig unsere Übungen machen, dann können wir unsere Konzentration steigern, uns besser entspannen und lernen unseren Körper besser kennen.

Beispiele:

Entspannungsatmung-die Angst weg atmen.

Hier wird langsam durch die Nase eingeatmet, innerlich bis 4 gezählt, der Atem angehalten und wieder bis 4 gezählt, langsam ausatmen und dabei bis 8 gezählt. (Wiederholung) Bei dieser Übung lernen wir uns zu beruhigen.

Arbeit mit ätherischen Ölen

Zur Entspannung eignen sich Lavendel, Melisse, Rosmarin oder Teebaumöl

Autogenes Training[14]

Dazu sollten wir eine entspannte Sitzposition einnehmen oder uns hinlegen. Wir schließen die Augen und stellen uns vor, wie unser linker Arm warm wird. Wir warten, bis wir fühlen, dass er warm wird und denken an den rechten Arm, dies geht dann weiter zu den Beinen

Dann konzentrieren wir uns auf die Atmung-mein Atem ist ruhig

Dann die Stirn-sie ist angenehm kühl….

Der ganze Körper-ich bin gesund und voller Energie

Danach wollen wir wieder zurückkommen, wir spannen die Arme an, atmen tief ein und öffnen die Augen.

Blitzentspannung,

wir lehnen uns mit der rechten Körperseite an die Wand und halten einen Schlüsselbund in der linken Hand. Wir entspannen uns und versuchen einzuschlafen. Der Schlüssel fällt dann zu Boden und wir wachen wieder auf.

Mittagsschlaf

Der Körper regeneriert sich und wir sammeln Kraft für die weiteren Arbeiten

---

[14] Johannes Heinrich Schultz

Massage mit dem Igelball
Familienmitglieder oder auch Arbeitskollegen können sich gegenseitig massieren und erleben eine körperliche und psychische Entspannung.
Meditation
Wir suchen uns dazu einen ruhigen Ort, nehmen eine entspannte Position ein, schließen die Augen und konzentrieren uns auf uns selbst. Wir lassen unsere Gedanken an uns vorbeiziehen und werden ruhig.
Das Ziel dabei ist es sich zu besinnen und den Körper besser wahrzunehmen.
Entspannung mit Musik
Wir suchen uns einen Wohlfühlort, setzen oder legen uns hin und hören eine Musik, welche uns aufbaut und regenerieren lässt.
Progressive Muskelentspannung[15]
Unsere Muskeln werden hier gezielt angespannt und wieder gelockert. Beispiel wir ballen die Faust und halten die Spannung 3-5 Sekunden, dann öffnen wir die Faust und entspannen 25 Sekunden. Wir machen das Gleiche mit der anderen Hand, Armen, Schultern, Rücken, Beinen, Gesäß, Gesicht……
Schlafhygiene
Wir sorgen für ein gutes Schlafklima, sorgen dafür, dass wir ausreichend Schlaf bekommen, um wieder Kraft schöpfen zu können.
Fantasiereisen
Wir tauchen ein in die Welt der Fantasie und träumen von….
Yoga
Dazu gibt es spezielle Übungen, die der Entspannung dienen und die Konzentration fördern.

---

[15] Edmund Jacobson

Mentale Techniken, die uns motivieren sollen:

Motivationsposter-ein Bild das uns anspornt im Hinblick auf unser Ziel.
Kaltes Wasser kann uns auch aktivieren-kurz das Gesicht kalt abwaschen
Einen Vertrag mit sich selbst abschließen: bis dahin will ich es geschafft haben....
Den Körper an das neue Verhalten gewöhnen, in dem man die Übungen steigert und sich langsam daran gewöhnt.
Lichtgestalten
Sich Menschen suchen, die aktiv sind und uns positiv damit beeinflussen
Koordinationsübungen-auf einem Bein stehen mit geschlossenen Augen, mit der einen Hand einen Kreis in die Luft malen und mit der anderen Hand ein Quadrat.
Selbstgespräche führen
Sich selbst anfeuern oder beruhigen
Konzentrationstraining

- Wir lernen eine neue Sprache
- Fokussieren uns auf die Arbeit, welche wir gerade tun
- Wir spalten die Einflüsse von außen und innen ab
- Wir sind voll bei der Sache, wie ein Kind welches intensiv spielt
- Wir stellen uns selbst schwierige Aufgaben, um unsere Merkfähigkeit auszubauen.

Gedankenstopp
Wir sagen laut oder leise Stopp, wenn die Gedanken zu kreisen beginnen. Es gibt Worte, bei denen das Gehirn keine Assoziationen findet, wie z.B: Lalulö und wenn wir diese aussprechen dann können wir unsere Gedanken vertreiben.
Langsames Gehen
Wir laufen bewusst langsam, erleben jeden Schritt

Zeitlupe
Wir erledigen eine Aufgabe in Zeitlupe
Entschleunigen
Nach dem Motto: Weniger ist oft mehr
Gleichgewichtsübungen
Wir schulen damit unsere Bewegungsabläufe
Wir leben bewusster
„Carpe diem"-nutze den Tag, die Bedeutung des Augenblicks zu erkennen und die Unwiederbringlichkeit des Moments
Zentrierung
Wir zentrieren uns-finden unsere eigene Mitte, wir stehen mit beiden Beinen fest auf dem Boden und spüren den Punkt unter dem Bauchnabel (1-2 cm)
Lächeln
Wir können uns selbst im Spiegel anlächeln und dies sollte 30 Sekunden lang sein, um den Erfolg zu spüren.
Hier werden Glückshormone ausgeschüttet und der Körper entspannt sich.
Barfuß laufen
Es gibt in vielen Orten einen Barfußpfad, wir können aber auch nur über eine Wiese oder im Schnee laufen.
Freies Tanzen
Wir suchen uns eine Musik, die uns gut gefällt und bewegen uns einfach spontan ohne spezielle Schrittfolge.
Bauchtanz
Wir spüren die weichen Bewegungen und lassen unsere Hüften kreisen nach der orientalischen Musik. Dies entspannt uns und fördert das Körperbewusstsein.
Gymnastik
Einfache Dehn- und Streckübungen, um den Körper beweglich zu halten.
Training mit Gewichten
Die Muskeln werden dadurch trainiert, die Sauerstoffzufuhr verbessert und ein Wohlgefühl stellt sich ein.

Schattenboxen
Hier ballen wir die Fäuste und kämpfen mit einem unsichtbaren Gegner. Dabei werden Aggressionen abgebaut und wir sind danach entspannter.
Blind laufen
Wir suchen uns eine sichere Strecke, schließen die Augen und laufen blind.
Arbeit mit der Biografie
Die eigene Lebensgeschichte aufschreiben und analysieren. Beim Schreiben erkennen wir uns selbst und können diese gewonnenen Erfahrungen für das zukünftige Leben nutzen.
Kreatives Arbeiten
Beim Gestalten mit Farben oder Ton können wir uns ausdrücken und ausleben.
Kopfkino analysieren
Wir schreiben unsere Gedanken auf, suchen nach den Ursachen und finden Lösungen, um aus diesem Karussell auszusteigen.
Drehbuch schreiben
Wir schreiben unser eigenes Drehbuch in welchem wir unser Leben bisher beschreiben und natürlich darf die Vision von einem Happy End nicht fehlen.
Arbeit mit dem inneren Kind
Kontakt aufnehmen zu seinem inneren Kind, zu der Leichtigkeit des Seins.
Entkatastrophisieren
Das Problem relativieren nach dem Motto: „Ja so schlimm ist es auch wieder nicht“
Plan B
Was mache ich alternativ, wenn meine Idee nicht zum Ziel führt?
Selbstargumentation
Ich spreche laut vor mich hin und sammle Argumente pro und contra

Analyse der Situation
Ich werte das Problem aus und zerlege es in Einzelschritte
Selbstregulation
Ich halte die Balance, indem ich weiß was ich mir selbst zumuten kann.
Oase der Ruhe schaffen
Ich suche mir einen Ort, an dem ich mich wohlfühle und mich zurückziehen kann.
Desensibilisierung
Wenn ich genau weiß was mich immer wieder ärgert, dann kann ich mich diesem Problem stellen und gleichzeitig reagiere ich nicht mehr so empfindlich, wenn es mich wieder einholt.

Entspannung und Anspannung schließen sich gegenseitig aus. Ich kann nicht gleichzeitig entspannt und verkrampft sein.

Kommunikationstraining
Ich übe das freie Sprechen vor dem Spiegel oder ich filme mich selbst, dabei trainiere ich meine Stimme und studiere zugleich meine Körpersprache.
Aktives Zuhören
Ich versuche in Gesprächen mit anderen Menschen, genau hinzuhören und mir die Sätze zu merken.
Colombo Technik
Inspektor Colombo ist bekannt dafür naive Fragen zu stellen, in der Filmreihe wird er von seinem Gegenüber dadurch oft unterschätzt und genau dies ist der Trick bei dieser Gesprächstechnik. Der andere Mensch fühlt sich überlegen, plappert munter darauf los und anhand seiner Widersprüche wird er dann überführt.

Harvard Methode[16]

Bei dieser Methode ist das Ziel eine „Win-Win“ Situation zu bekommen und dies wird erreicht durch:

Das Finden an Möglichkeiten, bei denen beide Parteien profitieren.

Das innere Team

Es besteht aus:

1. Dem inneren Kritiker, der uns sagt, was alles schlecht ist
2. Dem inneren Helfer, der es gut meint
3. Und dem Zielstrebigen, der den Erfolg sehen will

Unsere Aufgabe ist es zu lernen unser inneres Team in Griff zu bekommen und den verschiedenen Ansätzen auch Beachtung zu schenken. Wenn wir von einer Sache nicht richtig überzeugt sind, dann können wir auch keine gute Leistung erbringen.

Lernen Ja oder nein zu sagen

Wir sagen oft ja, obwohl es besser wäre nein zu sagen und das können wir täglich üben.

Sandwich Methode

Wir möchten den anderen Menschen mitteilen, dass uns dies oder jenes an ihnen stört und mit dieser Methode kann es gelingen, dass sie nicht gleich beleidigt weglaufen, sondern uns zuhören, was wir zu sagen haben.

Wir starten mit einem Lob, dann sprechen wir über das was uns stört und schließen mit aufbauenden Worten.

Sokratischer Dialog

Der sokratische Dialog hat das Ziel die Widersprüche zwischen den Wünschen und der Wirklichkeit aufzudecken. Nach dem Philosophen Sokrates[17] dessen berühmter Satz bis heute noch Anwendung findet: „Ich weiß, dass ich nichts weiß.“

---

[16] Roger Fisher und William Ury

[17] Sokrates

Im Gespräch werden offene Fragen gestellt und die Antwort wird wiederholt, um sicher zu gehen, dass sie richtig verstanden worden ist. Diese Technik soll das Gegenüber ermuntern, sich mit sich selbst auseinanderzusetzen und Ideen finden, wie das Problem gelöst werden könnte.

Wunderfrage:

„Wenn eine Fee all deine Probleme über Nacht wegzaubern würde, was würdest du morgen anders machen als bisher?“

paradoxe Fragen

diese können wir uns selbst stellen:

was muss ich tun, damit meine Situation weiter eskaliert?

Mit dieser Fragetechnik stelle ich mir das „Worst Case Szenario“ vor und es kann mich verängstigen oder ich kann über diese Antwort lachen, weil ich spüre, dass es nicht soweit kommen wird.

Weitere Fragen:

Ich möchte am liebsten…

Das möchte ich auf keinen Fall…..

die Antworten bitte aufschreiben und aufbewahren.

Problembox

Hier schreiben wir alle Sorgen und Probleme auf, welche uns belasten und schließen diese Box wieder zu.

In der Zwischenzeit versuchen wir das Problem zu bearbeiten, holen dann den Zettel wieder heraus und ergänzen ihn im Hinblick auf Fortschritte bei der Lösung.

25.Triviale Mentaltechniken

Sie sind einfach anzuwenden im Alltag, fördern die Lebensfreude und verbessern unsere Leistung. Wir wenden diese unbewusst täglich an, wenn wir an die frische Luft gehen, uns einen leckeren Tee zubereiten oder uns ein Bad gönnen. Um sich zu regenerieren und Kraft zu tanken sind auch das Treffen mit anderen Menschen und die Unterhaltung besonders mit Senioren sehr hilfreich.

Wir können im Gespräch sehr viel für uns selbst herausholen und erkennen, wie andere Menschen ihr Leben bewältigen. Bei einem Spaziergang im Wald können wir unsere Sinne trainieren, ebenso bei einem frisch zubereiteten leckeren Essen. Wer zuhause einen Schaukelstuhl oder eine Hängematte hat, wird diesen als Oase empfinden nach einem hektischen Arbeitstag.

26.Achtsamkeit

Achtsam den Tag erleben und dankbar sein für die kleinen Geschenke, wie zum Beispiel:

- das Rascheln der Blätter im Herbst,
- der Gesang der Vögel,
- der Sonnenschein,
- die Blumen wahrnehmen,
- die Menschen, welche uns begegnen,
- entschleunigen nach dem Motto: „In der Ruhe liegt die Kraft“
- die Gerüche aufnehmen,
- Ruhig werden,
- entspannen und seine Umgebung mit allen Sinnen aufnehmen.
- Achtsames Essen, langsam -den Duft des Essens wahrnehmen, auf der Zunge zergehen lassen und genießen.
- Sich Zeit nehmen zu träumen-meditieren, Yoga Übungen.

- Langsames Gehen, jeden Schritt wahrnehmen,
- jeden Tag als etwas Besonderes sehen,
- die Jahreszeiten genießen,
- das Wetter lieben,
- sich treiben lassen,
- richtig hinhören,

27.Finde Deinen eigenen Weg

Um seinen eigenen Weg zu finden bedarf es der Reflexion, ein Innehalten im hektischen Alltag und eine Suche nach der eigenen Bestimmung.

Aus der Masse heraustreten und für sich selbst etwas finden, das positive Gefühle weckt und motiviert.
Es geht um eine Talentsuche, um den eigenen inneren Schatz zu finden.
Dazu kann man sich selbst befragen:

1. Was habe ich als Kind gerne gemacht?
2. Was kann ich besonders gut?
3. Wann vergesse ich Alles um mich herum?
4. Für was begeistere ich mich?
5. Was wollte ich immer schon gern tun und konnte es nicht aus verschiedenen Gründen?
6. Wo möchte ich Spuren hinterlassen?
7. Was würdest Du einmal bereuen, wenn Du es niemals versucht hättest?

28.Schlussgedanke

Bei dieser Arbeit mit sich selbst, mit seinen Wünschen und Problemen werden wir konfrontiert und Verletzungen spüren. Alte Wunden werden aufbrechen und wir werden manchmal kurz vor dem Aufgeben sein. Dennoch lohnt es sich diese Inventur durchzuführen und sich selbst zu überprüfen, ob die Einstellung zum Leben und zu den Aufgaben die Richtige ist.
Unser Auto bringen wir regelmäßig zum TÜV, weil wir es lange fahren wollen und was machen wir mit uns selbst? Haben wir auch eine regelmäßige Prüfung oder laufen wir solange, bis es nicht mehr geht?
Wenn wir unser Auto nicht mit Treibstoff versorgen, dann wird es stehenbleiben und genauso ergeht es uns, wenn wir nicht auftanken.
Die innere Inventur soll uns anspornen, das Beste aus uns herauszuholen und uns Mut geben für die weiteren Aufgaben. Gleichzeitig sollen wir Möglichkeiten finden, die Leichtigkeit des Seins wahrzunehmen und unser inneres Kind zum Leuchten zu bringen.
Jeder Mensch ist einmalig und daher gibt es auch kein Rezept für die Bewältigung seiner Probleme.
Er ist aufgefordert sich selbst damit auseinanderzusetzen und dann die Bereitschaft aufzubringen, neue Wege einzuschlagen. Wir müssen verstehen, dass es sich hier um einen Prozess des lebenslangen Lernens handelt der erst mit dem Tod endet. Die Erkenntnis, dass wir irgendwann alle sterben werden und wir nicht unendlich Zeit haben, unsere Pläne in die Tat umzusetzen sollte uns motivieren im Jetzt zu handeln.
Der einzige Moment, in dem wir etwas tun können, ist bekanntlich das Jetzt, weil die Vergangenheit vorbei ist und die Zukunft noch nicht da ist.
Also Mensch, handle bevor es zu spät ist!

29.Literaturverzeichnis

- Simon Sinek
- Viktor Frankl
- Nietsche
- Augustinus
- Peter Drucker
- Kostenlose Bilder von Pixabay
- George Gurdijeff
- Oscar Ichazo
- Riemann
- Franz Grillparzer
- Mihály Csíkszentmihályi
- Vilfredo Federico Pareto
- Johannes Heinrich Schultz
- Sokrates
- Edmund Jacobsen
- Roger Fisher und William Ury

Printed by Books on Demand GmbH, Norderstedt / Germany